青森編

酒と料理と人情と。

栗原心平

酒
も
鳩正宗
南部杜氏
kimori
CIDRE
DRY
陸奥
八仙

ギャレスのアジト
I DO CRAFT BEER

中取り
吟麗
鳩正宗

Hirosaki
Da Sasino

純米吟醸
田酒

大吟醸
純米大吟醸
こみせ
華さやか
稲村屋
いなむらや
稲村屋

SOUR ALE
2018
8000
DRY SPARKLING

料理も

人情
頭昆布

も

Contents

正月家で佐藤企に出会う

はじめての酒場は……大変に緊張する。だから想像以上に楽しい時間を過ごせると、喜びは倍増。よもや気に入った酒蔵の杜氏さんに会えるとは！　人と人とを結ぶ〝縁〟があふれた十和田の夜。

白子天
六五〇円
鮭
はらす焼き
六五〇円
ぶり
かま焼き
六五〇円
手羽先
唐揚げ
四八〇円
煮魚
カスペ
合鴨
朴葉みそ焼き
七五〇円

急遽、呼び出され、ヒョイッと駆けつけてくださった、鳩政宗の杜氏、佐藤企さん。

佐藤さん持参、渾身の３本。鳩政宗人気は、日本酒好きの間でただいまウナギのぼり！

杜氏自らお酌していただき……ちょっと緊張しますね（笑）。

なにを隠そう……いえ、別に隠していないが、この本の、イチバン最初の取材日の夜が十和田だった。『酒と料理と人情と。』と書名に銘打つだけに、酒場に行こう、おいしい料理を食べ尽くそう、地元の方々とふれ合おう、そしてそれらを読者のみなさんに伝えよう！と、意気軒昂としてこの取材旅に挑んでいる。

青森へは、この本の企画が生まれる4年も前から20回以上伺っている。うれしいことに、そのたびに、あちらこちらに連れて行っていただき、当然、夜は酒場で盛り上がる(笑)。おかげさまで、「この町ならココに!」と足を運ぶお店もたくさんできた。

つい馴染みのお店に行きたくなるが、新規開拓、これも大切なこと。そうした思惑もあって、ここ「正月家」に伺って大正解。想像以上にすばらしい出会いがあったのだ。

と、その前に。訪れたのは雪降る12月ということもあり……、酒を飲

色を見て香りを感じ、口に含む。うん、おいしい。佐藤さんのお酒、好みだなぁ。隣に杜氏がいるとは、なんて贅沢！

む前にカラダの芯から温まりたくなった。宿泊先のビジネスホテルのユニットバスじゃあ、味気ない。なので、近くの「ポニー温泉」へ。湯上がりには、瓶ビールを1本。湯の効果と、わずかなアルコールもあって、足取り軽く、「正月家」へ。

　入り口には注連縄が飾られ、お名前の通り〝おめでたい！〟設えで。こ

佐々木さんもカウンター越しに盃を交わす。料理人ならではの視点、勉強になりました。

おいしかった

酒が進み会話が弾むにつれ、常連・宮さんとの距離が縮まる。翌日、スーパーでバッタリ遭遇（笑）。さらなる再会を約束しました。

う、外から見て「いいお店だなぁ」と感じられると、たいていその勘は当たる。扉を開けるとやはりいい。ここはカウンターだなと算段するも、こちらは総勢6名で。カウンターを占拠するのは憚られる。「いずれ、あっちに移ってもいい？」と、この本の編集さんの了承を得て半個室の部屋に。

古民家風な内装と手書きのお品書きを眺めているだけで、「いいお店だ」という勘が確信に変わる。みなさーん、ナニを頼みます？　バラ焼き！　馬刺し！　嶽きみの天ぷら！　身欠きニシン！　はいはい、では僕がまとめて注文を。

ここでは「絶対に日本酒だよ」と教わったけれど、最初はハイボールで。おっ、お通しが茶碗蒸しとは。ウニがあしらわれて、うん、いいね。そして「バラ焼き」を。バラ焼きは十和田のソウルフード。でも発祥はお隣の三沢だそう。たっぷりの牛バラ肉と玉ねぎを鉄板で焼くのだが、

「正月家」さんはお料理がすばらしくいいんです。馬刺しもバラ焼きもしょっつるも。刺身もいいし、揚げ物も秀逸。マスターはフグの免許もお持ちで。佐藤さんの酒とフグ尽くしというのもいいだろうねぇ。

〆には「絶対に〝かっけ鍋〟でしょ！」とすすめられました。かっけは〝切れ端〟の意で、蕎麦や麦を三角形にしたもの（写真上）。寒い時期、あったかい鍋を囲むと、さらに親睦が深まる。ごちそうさまでした！

こちらはお鍋で。ほかに頼んだお料理もテンポよくいただきながら、1杯、2杯と重ね……そろそろ日本酒をいただくことに。

では、この「佐藤企」をお願いしようかな。「さとうき」って読むの？「くわだてじゃないの？」なんて少々気持ちよくなっている面々は勝手なことを言いつつ。あらためて「佐藤企」の特別純米酒で乾杯！

なんだろう。おだやかな香りで、でもコクがある。気取りがなくて純朴なおいしさ。でも、飲み口がしっかりしていて。すごく気に入りました！ うーん。そろそろ僕もあちらにお邪魔したいなぁ……という思いが伝わってか、

「心平ちゃん！ こっち来たら。どうぞどうぞ！」とカウンターの恰幅いい紳士が声をかけてくださる。では、遠慮なく、とお隣に座り、「はじめまして、よろしく！」と乾杯を。

互いに盃を交わしつつ、お店のこと、十和田のこと、そして日本酒のことなど、あれこれ話すうち、意気投合。このご常連は宮雅之さん。十和田で薬局を経営なさっている。猫も飼っていて、愛猫談議にも花が咲いたり。で、「正月家」のマスター・佐々木勇さんも交えて盛り上がるうち、「じゃ、佐藤企、呼ぶか」となってしまった。

すっかり気に入った「佐藤企」をつくったご本人がいらっしゃるという。佐藤企は〝さとう・たくみ〟といい十和田の酒蔵・鳩政宗の杜氏さんのお名前でした。ご自身の名前をつけるということは、やっぱりそれだけ手をかけている&自信があるということ。

と、そこへ、3本の四合瓶を持って、佐藤さんが登場。「佐藤企　純米吟醸酒」「鳩政宗 吟麗」「鳩政宗 特別純米」を、贅沢にもいただきながらの飲み会に。

「父も鳩政宗の蔵で働いていて。その姿を見ていたせいか、私も同じ道に進みました。『佐藤企』は酒米を自家栽培して。そ、親子でつくった酒米を使っている」と佐藤さん。

十和田初の南部杜氏として酒づくりを束ね、〝米の魔術師〟との異名もある佐藤さん。先ほどいただいた特別純米酒は精米歩合80%、つまり〝磨きは2割〟。あえて磨かないことで、米の旨みがしっかり出るという。お持ちくださった、この3本もそれぞれ、個性がちゃんとあって。ふぅ、おいしいなぁ。十和田のテロワールが感じられるんだなぁ。

常連の宮さんも、マスター佐々木さんも、「みんな、企さんのファンだから」と肩を組む。

「よしっ、いいか一緒に飲んじゃえ」と、ようやくマスターも盃を。小上がりにいたお客さんたちとも、佐藤さんのつくった酒を分け合って。

酒を軸にして、はじめて会う人たちが仲良くなれる。お酒の力……酔っているということもあって、本音や弱音がポロリと漏れる。うんうんと頷き、背中を押し合えば、解決の糸口が見えるかもしれない。いや、見えなくても、「あー、昨日楽しかったなぁ」という思い出があればいい。そんな一夜を過ごしました。

shop info

正月家

十和田市東三番町2-40　☎ 0176-25-1362
18:00〜23:00（22:30LO）　㊡ 月曜

正月家で佐藤企に出会う

天間林ドライブイン

地元の常連やトラックドライバーたちに長年愛され続けていたドライブイン。前店主の事情により閉店してしまったが、新たな店主・中村憲光さん夫妻を迎えて再スタートを切った。懐かしの味を活かしつつ、そこに中村さんならではの新メニューがプラスされている。

shop info

上北郡七戸町字道上40-8　☎ 0176-68-3328　10:00〜17:00　休 第４水曜日

半チャーハンとのセットが目白押し。担々麺のほか、オリジナルの酢鶏定食もおすすめ。

小腹グルメ

旅の醍醐味といえば、なにはなくとも「食」。出発前から予定しているお店もあれば（ほかのページでたっぷりと）、旅の途中、出くわす味もあって。おやつに〆飯、買い食いと、青森津々浦々のお気に入り――名付けて「小腹グルメ」をご紹介。

寒い冬につい足が向かうのはラーメンで、車中の移動につまむのが地元スーパーのおむすび&お惣菜。お店の方や常連さんの愛情テンコ盛り。サバ&スジコ&ヒラメのトリオは昼夜を問わず、グビリ、酒が進むってものです。

味の札幌 浅利

青森B級ラーメンの雄といえば、味の札幌＝通称あじぽろの「味噌カレー牛乳ラーメン」。昭和50年代、学生のリクエストから誕生した名物メニューだが、キワモノと思うなかれ。味噌のコク、カレーの刺激、牛乳のまろやかさが調和され素直に旨い。

shop info

青森市新町1-11-23 小林ビル1F
☎ 017-777-9088　11:00〜14:00、18:00〜21:30　休 月曜

青森ラーメン

中華そば ひらこ屋きぼし

だしソムリエの三上玲さんによる”幾重にもだしを取った”澄み渡るスープに唸る。心平さんイチオシは、あっさり系のやきぼしと動物系の濃厚なわやきぼしを8対2で掛け合わせた「にはちぼし」。相対的なバランスと麺との絡みが抜群なのだ。

shop info

青森市青葉1-5-35　☎ 017-763-5719
10:30〜21:00（20:30LO）　休 火曜

ヒラコ干し（マイワシの煮干し）を中心にさまざまな煮干しの味を追求している。

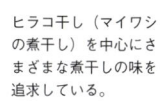

山ざと

路地にポツンと佇む赤提灯。地物の魚介メニューが並ぶなか、〆には「すじこ茶漬け」を。スジコといえばおむすびや細巻きが多いが、だしでいただく茶漬けは希少。ハラリとほどけるスジコに、酔った頭がハッとする！

shop info

青森市新町2-6-19　☎ 017-773-2387
17:00～22:30（20:00LO）　休 日曜・祝日

オレンジハート まるとく店

全国チェーンとは真逆の超アットホームな青森ローカルコンビニ、通称オレハはお手製惣菜のパラダイス。ズッシリと重く、中身もたっぷりのおむすびはスジコをチョイス。顔と同じくらいにビッグなハンバーガーもあるよ。

shop info

上北郡六戸町上吉田長谷94-213
☎ 0176-55-2448　6:00～21:00　休 なし

三九鮨

県庁近くの裏通りにあるお鮨屋さん。三方を海に囲まれている青森県だけにネタに自信あり。フクラゲ（ブリの子）やウスメバルといった地元ならではの刺身で乾杯。〆は名物の「筋子巻」「トロサバ巻」「雲丹巻」で！

見よ、燦然たるスジコ＆ウニの姿を。シャリより断然多い中身に感服。トロサバのガリもいい仕事をしています。

shop info

青森市古川1-20-11　☎ 017-723-1148
17:00～23:00（22:00LO）　休 日曜・祝日

俵屋&しんぶんカフェ

八戸といえばサバ！　なかでもプレミアム銀サバの部位を厳選して串に刺し、炭火で焼いた「サバの串焼き」はふわっとジューシー&パリッとスモーキー。考案した沢上弘さんの「手軽においしく食べていただきたいから」の思いで生まれた必食の味だ。

shop info

八戸市城下1-3-18　☎ 0178-51-6767
11:00〜15:00（14:30LO）、17:00〜21:30（21:00LO）　休 月曜

和食とカフェを融合させた「しんぶんカフェ」内にある。ほかに「棒ずし」もおすすめ。

みなと食堂

市場の朝は早い。働く人、買い物客も早いが、なにより旅行者が早い。目当ては橙色に艶めく「ヒラメ漬け丼」。前夜の深酒もなんのその。よくかき混ぜてかき込めば食欲増進。噛めば噛むほど味がしみ出てくる。お供はせんべい汁かイチゴ煮か。迷うのもまた楽しい。

shop info

八戸市湊町久保45-1　☎ 0178-35-2295
6:00〜15:00（14:30LO）　休 日曜

柴田農園

道の駅で遭遇した「嶽きみドーナツ」。嶽きみは津軽平野のほぼ中央・嶽高原で生産されるブランドとうもろこしのこと。糖度18度以上と果物レベルでとっても甘い。嶽きみパウダーを練り込んだドーナツはほんのり甘く、モチモチ食感。ついつい買い食いしちゃう！

shop info

🏠 青森市浪岡大字女鹿沢字野尻2-3　道の駅なみおかアップルヒル・イベント広場

かなやマート

創業40年、一見、ふつうのスーパーマーケット。でもお惣菜やお弁当を隣のスペース（食堂になっています）で飲食可。ナスのシソ巻きや胡麻和え、鰯ネギ味噌フライなど、店主・金谷義人さん曰く「田舎料理の手づくりメニュー」のオンパレード！

shop info

🏠 青森市後潟平野55-1　☎ 017-754-3536
🕒 7:00～20:00（食堂11:00～14:00、17:00～19:00） 休 なし

こちらはP20に登場した「オレハ」のメガ盛りハンバーガー。半端ない重量に興奮しました。

ガブリ&ジュワリ♪

2月の青森市で

自宅の軒先で21年。ご主人が精肉店を営むだけに鮮度◎。正肉は日に100本も出る人気！

焼き鳥
焼けました！！

焼き鳥
ください

うまっっ
２本目
カップ酒

ビールは
寒かった
１本目
缶ビール

おじさんのこと
知ってるの？
おじさん
テレビに
出てるんでしょ

焼鳥ささき

へ～、青森県は焼き鳥の年間購入金額（世帯あたり）が日本一なんだって。住宅街にもテイクアウトの焼き鳥屋さんがあって、冬の夕方、ふらりつまみ食い。そこの酒屋さんでビールを買って、焼けるまでに１本プシュッ。焼き鳥と一緒にカップ酒をグビッと。

shop info

青森市港町2-9-9　☎ 017-742-0274
16:00 ～ 20:00　休 日曜・祝日

ドライブインのマグロタワー

ハッキリ言って驚いた！　マグロがタワーになって出てくるんだもの。単なるデカ盛りに非ず。美しくそびえ立ち、芳醇なる旨みを活かした姿には、長年愛されている食堂の矜持があった。

スローガンに偽りなし。見よ、店主・佐藤さんの自信に満ちた後ろ姿を。店内は全70席と広々だが、昼時にはお客さんの熱気でムンムンに。この2日後、中央卸売市場で偶然再会しましたよ。

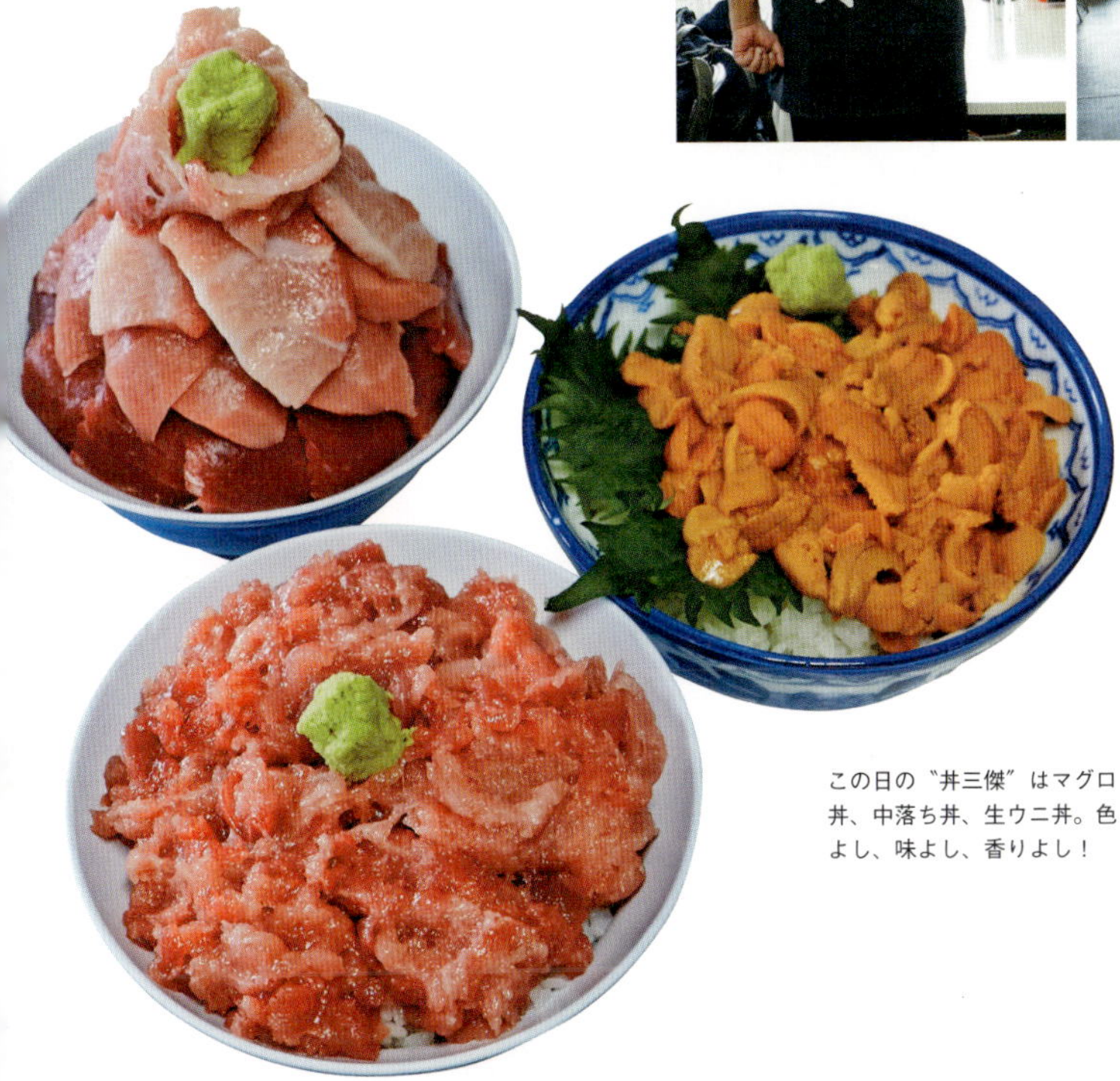

この日の〝丼三傑〟はマグロ丼、中落ち丼、生ウニ丼。色よし、味よし、香りよし！

陸奥湾に面した夏泊半島の付け根あたりに位置する浅虫温泉。そのすぐそば、国道4号線沿いにドライブインがある。その名も「浅虫ドライブイン　鶴亀屋食堂」。いわゆる〝さびれた〟ドライブインとは異なり、大いに賑わっている。

それにしても、壁という壁がキラキラ、キラキラと輝いていて……。目を凝らして近付くと、なんとマグロの産地（水揚げ地）を示すシールの数々だ。日本海本マグロだとか、一本釣り大マグロだとか。一本釣りの場合は釣り上げた船の名前も一緒に張り出され、その数はというと、おびただしいとしか言いようがない！　もしや、こちらが仕入れたマグロの釣り主さんの証？

「そうそう。三陸は塩竈の〝ひがしもの〟というメバチマグロが今はいいかな」と教えてくださるのが店主の佐藤勇さんだ。

鶴亀屋食堂70年の歴史のうち、マ

ドライブインのマグロタワー

①

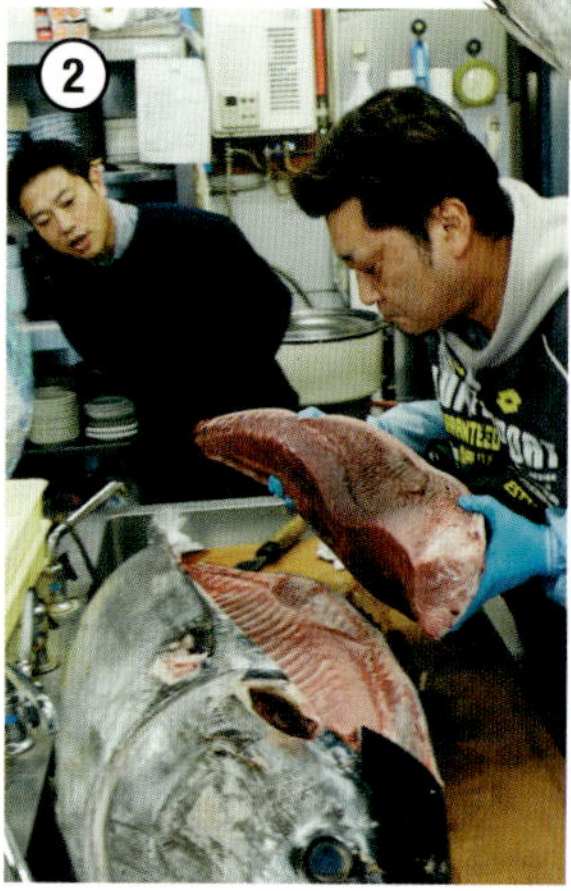

②

③

中落ち丼が
できるまで

グロを出すようになったのは、この10年ほど。不漁続きで魚がなかったときに、「マグロをやってみたら」とアドバイスされたのがきっかけだった。

自身も釣り師であり、料理人としての経験からも、あらゆる魚介に詳しいが、当時マグロは未体験。未知なる素材だからこそ、

「端から端まで知らないと、おいしいものは出せない。マグロの魅力を伝えられない」と、コロやサクでなく、一尾を競り落とすというスタイルに。

そう〝セリ〟だ。一般に飲食店は仲買いや小売店から仕入れるが、佐藤さんは、競りの資格を持つ仲買いでもあるのだ。壁（そして天井にも！）のキラキラとしたシールは、一尾を買った際に付随するもの＝証明書。この数を見ただけでも、マグロへの情熱がひしひしと伝わってくるではないか。

1 競り落とされた生のキハダマグロ。
2 まずは背側からスタートし……
3 赤身～中トロのグラデーションが美しい。
4 部位ごとにサクにして。
5 中骨に付いた身をスプーンでこそげ取る。
6 濃厚な味わいの赤身と脂部分がミックス！

せっかくの機会なので厨房を見学させてもらうことに。ちょうどこれからマグロを解体するとのこと！解体↓刺身にするのはふたり態勢だ。

まずひとりが背から包丁を入れ、背カミ、背ナカ、背シモと塊（コロ）にする。するともうひとりが、その塊からサク取り、そして素早く刺身にしていくのだ。もちろん腹側も中落ちもカマも……手早く進められ、見事、了。そこにいた取材スタッフ全員が思わず拍手をしてしまった。

それにしても身の色合い、しっとりした脂の質感、ほのかに香る酸と相まっておいしそう！

訪れる以前は、「絶対に、マグロ丼だよねー」と決めていたが、解体を拝見して、部位のあれこれをたまらなく食べたくなってしまった。その心を見抜いた店主・佐藤さんが「いいところを食べさせてあげるから」って。なのでおまかせでお願いする

（写真右から順に）通ともなれば「三天丼（エビ・イカ・野菜）」にかき揚げをトッピング。昔ながらの風貌をしたラーメン。ライスセットもおすすめ。国道沿いにあり、味とサービスに定評あるだけにドライバーさんたちにもお馴染み。佐藤さんは天ぷらもお手のもの。天ぷらは天つゆではなく「醤油かソース、塩を！」とのこと。

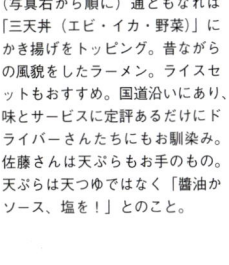

shop info

浅虫ドライブイン
鶴亀屋食堂

青森市大字浅虫字蛍谷293-14　☎ 017-752-3385
9:00〜18:00（冬期は16:30LO・17:00閉店）　休 なし

ことに。

　こういうとき、「ひとりじゃなくてよかった！」と思う。同行者が多ければ、それだけたくさんの種類を味わえるもんね！

　そろそろお昼時のため、ずいぶんと賑わってきたなぁ。近隣の方もいれば、関東からの旅行者（新婚さん♡）もいる。

　さてスペシャルな〝おまかせ〟を待つ間には、佐藤さんのご厚意で「田酒」の純米吟醸をいただく。真っ昼間から、しかも取材中だというのにと、遠慮したものの……。乾杯、いただきます。ウマイッ！　ほかのお客さんのテーブルをチラ見すると、天ぷらやラーメンも人気のよう。「うちの基本はラーメンと天ぷらだからね」とホールのお姉さんが教えてくれる。

　そう聞いて頼まないワケもなく、いか天と魚天もオーダーする。ホント、取材でよかったなぁ。そこそこの人数でお邪魔できるので、いろいろなメニューを楽しめて。ハイッ、取材最高です！

　そ・し・て。待望のマグロ丼に感嘆の声しか出ません♪　この威風堂々とそびえ立つ姿は圧巻。でも、これは「中サイズ」で、さらに枚数の多い「大」があるという。ちなみにミニ・小・中・大の4サイズあるのでお腹の空き具合によって選べるのもうれしいね。しかし、ミニでもマグロ10切れ！　本当、どれだけサービスいいんですか、佐藤さん！

　中落ち丼、生ウニ丼もいただきました。いか天も魚天もウマイです。そして日本酒が進む。で、やっぱり、ラーメンが気になるので注文を。煮干し系のまろやかでさっぱりスープにちぢれ麺。まだお昼だけど〆にぴったりです。

　佐藤さん、鶴亀屋食堂のみなさん、生涯忘れられない思い出になりました。ごちそうさま！

美味のオンパレード（笑）。
ゆっくりとたくさん食べるためにも余裕を持って訪れたい。

純喫茶でモーニング

創業60年、弘前の「名曲＆珈琲ひまわり」の２階席。歴史が刻まれた壁に心が落ち着く。

決まった時間に喫茶店で過ごす習慣のない自分としては、旅先のモーニングは新鮮だ。それも、地元のお客さんたちで賑わう純喫茶を訪ねるのがいい。

　珈琲を啜りながら新聞に目を通す人、トーストをかじりながらメールをチェックする人たちをぼんやり眺め、こちらは……のんびりと。昔ながらの焙煎と淹れ方にホッとさせられながら、チクタクチクタク、振り子時計と周囲の音に耳を澄ませたい。

喫茶マロン

1970年創業。深緑な絨毯に重厚なテーブル、柱時計に懐かし玩具と、空間そのものがザ・昭和。珈琲を淹れるのがマスターの松井孝導さんで、焙煎は奥さまの登枝子さん。モーニングは珈琲一杯の値段でトーストとゆで卵付き。野菜たっぷりの「フランク串焼き」も。

shop info

青森市安方2-6-7　☎ 017-722-4575
7:00〜18:00（食事17:20LO）＊モーニングは11:00まで　㊡ 水曜

名曲＆珈琲ひまわり

名曲喫茶として創業して60年。レコードからCDに変われど、ずっと変わらず静かな時を刻んできた。ボロニヤ風スパゲッティ、ドリアなど、味に惚れた常連さんが支える。弘前市が選ぶ「趣のある建物」にも指定されている。

shop info

弘前市坂本町2　☎ 0172-35-4051
10:30〜18:30（18:00LO）　㊡ 木曜

ハムエッグは卵とハムとを別々に焼くタイプ。サラダとトースト、珈琲で500円。登録有形文化財の１階に佇む。

珈琲時代屋

「『時代屋の女房』という映画があってね。村松友視の原作で。それにちなんで名付けたの」と主人・渡邊眞里子さん。シュンシュンと湯が沸くなか、卵を割り、ハムエッグを焼く。そうして毎日を過ごしてきた。その様子とお箸でいただくモーニングに心和む。

shop info

弘前市元寺町9 三上ビル1F ☎ 0172-35-9447
8:00～19:00＊モーニングは10:00まで 休 日曜

オープンキッチンのカウンター席。奥行きがありゆったり。マスター夫妻との会話も弾む。フルーツコーヒーゼリーは550円。

珈琲舎

ご近所さんに長年愛されてきた、わずか７坪のオアシス。昨年12月に前オーナーから独立、お店もメニューも一新した。ナポリタンやキーマカレーなどお食事メニューが充実。どこから食べていいか迷うほど、フルーツたっぷりのコーヒーゼリーを！

shop info

青森市古川1-10-10
017-776-8383
7:00〜18:00＊モーニングは11:00まで　休 水曜

ホタテ、エビ、イカがギュッと詰まった密度の濃いかき揚げ天丼。かかるたれも旨い！

寿司屋のかき揚げ丼

下北半島の付け根あたりに位置する野辺地町。陸奥湾に面した、この町はホタテの養殖が盛ん。活ホタテは身が大きくプリップリ。かき揚げ、天ぷら、フライの揚げ物トップ3をビールとともに！

〝世界一のホタテ料理食堂〟と名乗っていらっしゃる。そりゃあ期待せずにはいられません。ん？　食堂じゃなくてお寿司屋さん？
「そう。寿司と天ぷら。でも65年前に開店したときはラーメン屋だったのよ」と大将。なんでも、新宿の天ぷら屋さんで修業し、家業を継いだそうで。だから揚げ物に力を入れていらっしゃるんですね。では、僕は「かき揚げ天丼」を。普通のかき揚げとは趣が異なり、ホタテ、エビ、イカがゴロッとボリューミー。フライと刺身もつまみ食い。それぞれのキャラが際立って、超満足です！

具材はまさにゴロゴロと大きい！　油が爆ぜる音もおいしそうで……。その音を聞いているだけでビールが進みました。

お待ちかねの「かき揚げ天丼」。丼モノってふたを開ける瞬間が最上にワクワクするよね！　衣とホタテの食感がお見事です。

ホタテのお刺身に塩焼き、フライが揃う「特製ホタテ定食」。ビールのお供にはこっちかも！

ホタテ目当ての旅行者もいれば、寿司ランチ目的の地元客もいて……。人情味あふれる、いいお店だなぁ。

shop info

蔦屋

上北郡野辺地町字上小中野39-19
☎ 0175-64-1111　11:00～21:00(20:30LO)
休 月曜

男山

酒蔵探訪

shop info

八戸市湊町本町9
☎ 0178-33-1171 10:00〜16:00 休 土曜・日曜（冬期は土曜日も営業）

八戸酒造

全国区どころか、世界でも評価の高い日本酒「陸奥八仙」。その歴史は江戸時代後期——1775年にさかのぼる。近江から東北にやってきた商人・駒井庄三郎氏が三戸剣吉で創業し、酒造をはじめたことに端を発する。明治には現在地へと移り、「陸奥男山」が誕生。大正時代に建てられた蔵は国の重要文化財であり、青森県初の景観重要建造物でもある。「陸奥八仙」がスタートしたのは、1998年のこと。現在は九代目にあたる駒井秀介さんと弟の伸介さんが核となり酒づくりを行っている。

秀介さんが蔵に入ったときは「陸奥八仙」はまだ4年目で、酒質の方向性が固まってはいなかった。ならば……と秀介さんが「香りが華やかで旨みのある味」「日本酒が苦手な人でも、日本酒に目覚めるようなお酒」を目指し、今や押しも押されもせぬ実力と人気を伴った銘柄となったのだった。

蔵の裏を流れる新井田川を眺めながら、弟・伸介さんから、使う米や酵母、水のこと、酒づくりへの思いなどをうかがった。

酒づくり

アサヒビール勤務ののち、蔵に入った伸介さんが杜氏として酒づくりを束ねている。県産の酒米と酵母、八戸・蟹沢地区の名水を使い、定番商品、季節限定商品、純米スパークリング、ビール酵母によるサワーエールなども醸している。

① 精米→洗米・浸漬→蒸米・放冷→糀・酒母づくりへと。

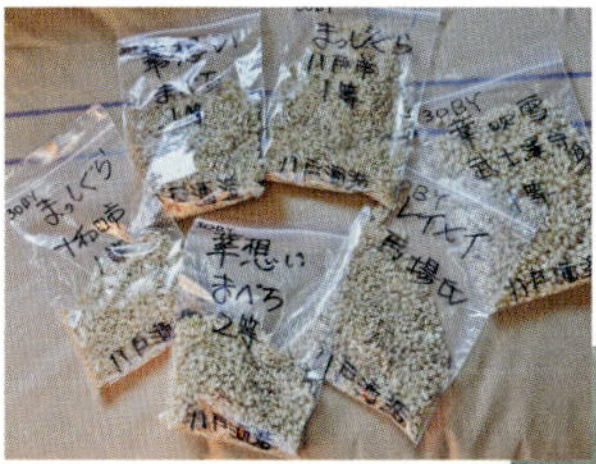

② 八戸酒造で使った酒米のサンプル。すべて県産米だ。

③ 仕込みタンクではゆっくりと発酵がなされていた。

試飲スペースのカウンターで。これだけの種類を一望（笑）できるのは、蔵見学ならでは。もちろん購入もできます！

試飲time

八仙と男山と

酒蔵見学の醍醐味はなんといっても試飲タイム！　用意いただいたのは「陸奥八仙」オールスターズと、古くから地元に愛されてきた「陸奥男山」。それぞれの酒の個性を、駒井兄弟に教わりながら、

「お酒は嗜好品ですから、いろいろなタイプを試して好みの酒に出合わないと。いっぺんにこれだけ味わえるのは、蔵にお邪魔したからこそのご褒美ですね」と試飲を重ねる。駒井家特製の漬け物、塩辛などを味わいつつ、食中酒としてのポテンシャルの高さに感服。

「芳醇で華やかな香り、フレッシュ感がある陸奥八仙は飲み飽きることなく延々と飲めます。陸奥男山は漁師町の酒らしく、キリリと辛口。ちょっとお燗にしてもいいね」

はたまた、ワイン酵母で仕込まれた陸奥八仙の可能性にも驚き、蔵元兄弟と酒仙の境地を分かち合ったのでした。

自家製お漬け物、ハリハリ漬けをちびちびつまみつつ、至福の時間を過ごす。門外不出のレシピでつくられた塩辛が絶品でした！

手前が兄の秀介さん、奥が弟の伸介さん。蟹沢水源区域の環境保全、田んぼの再生からスタートした酒米作り体験からオリジナルのお酒を楽しめる体験型プロジェクト「がんじゃ自然酒倶楽部」を運営。

鳴海醸造店

shop info

- 黒石市大字中町1-1
- ☎ 0172-52-3321
- 8:30〜16:30
- 休 不定休

城下町の風情が残る、黒石市の「中町こみせ通り」。この通り沿いに建ち、ひときわ風格ある建物が鳴海醸造店だ。創業して213年だが、この、風情たっぷりの建物は250年以上も前にできたもの。「こみせ通り」散策の途中、立ち寄り、見学・試飲というのが黒石観光のスタンダードとか。

代表銘柄は「菊乃井」で、菊の花を愛した二代目文四郎が「酒に菊の香りを取り入れれば喜ばれるのでは」とつくりはじめたもの。現在は、主に県産の酒米「華吹雪」「華想い」を、水は八甲田山系の伏流水を使用している。

蔵を案内してくださったのが、七代目当主で杜氏の鳴海信宏さん。

「もうひとつ銘柄がありますね……」と質問すると、

「屋号の〝稲村屋〟を冠した酒です。菊乃井が地元用、稲村屋が県外向けです。試飲もどうぞ」

こちらを試飲！　東北の酒らしく軽快で飲み口のいいものから、香り豊かなタイプなど、みな、いい！

色を見て、香りを嗅ぎ、そっと口に含み、飲み干す。これぞ心平流の試飲です。

東京農大を卒業後、都内の酒類問屋を経て、家業に就いた鳴海さん。木桶など蔵の道具のあれこれは現役で使用されているもの。

奈良さんにお話をうかがいながらテイスティングを。左は春限定のグリーン。爽やかな酸味で目覚めの一杯にいいかも。

弘前シードル工房　kimori

人工的に炭酸を入れず、発酵時に発生する炭酸を果汁に溶け込ませる、昔ながらの製法でシードルをつくっている。「kimori」とは、りんごを収穫する際、木にひとつ実を残す風習を〝木守〟といい、それにちなんで名付けたとか。

shop info

弘前市清水富田字寺沢52-3　弘前市りんご公園内　☎ 0172-88-8936　9:00〜17:00　休 なし

醸造所の目の前にはりんご畑が広がる。一般にりんごは種子ではなく、つぎ木で増やしてきた。

シードル

青森といえばりんご。りんごといえばシードル！　というほど、この関係は深い。ｋｉｍｏｒｉの奈良卓馬さんによると、「かつてはりんご農家に生まれないと、りんごを育てたり、シードルをつくることは叶わなかった。ですが、現在はリタイアした農家さんの畑を借りて、新たに就農する人たちが増えています。高齢化したりんごスキルのある人が技術を教えている」そう。また、昔は落ちた実や出荷できない実を使って……だったが、今はシードルのためにりんごをつくる生産者も多い。おいしさを追求したシードルづくりの、今と未来に注目したい。

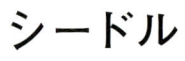

パブ グランパ

アイリッシュパブのような佇まいの一軒家。２階にはテラス席もあり、夜毎、弘前市民が集う場だとか。クラフトビール、ビアカクテル、日本酒……と酒類はなんでもござれだが、なにはなくともシードルをどうぞ。

shop info

弘前市土手町66-12　☎ 0172-34-9688
11:30〜24:00（火水木金土）、11:30〜15:00（日）、16:00〜24:00（月）　休 不定休

ヒロサキシードル研究会のコースターにも注目。左は摘果したりんご（未熟のうちに摘み取ったもの）でつくったテキカカシードル。

A-FACTORY

港町・青森市。６連の三角屋根が連なる、風情漂う佇まいは、〝青森の食のすべて〞を集めたようなセレクトショップ。シードルとアップルソーダがつくられる醸造所も備え、ガラス越しに見学可能。できたてのフレッシュなシードルを味わうことができる。

shop info

青森市柳川1-4-2　☎ 017-752-1890
9:00〜20:00（レストランは11:00〜）
休 不定休

シードルのテイスティングは２階のスペースに。青森シードルを含む８種類のシードルから選んで。

店に歴史あり。店主に哲学あり。

どこの駅を降りても、同じようなチェーン店ばかりで旅情がない……。だからか町の人に親しまれてきた個人店に惹かれる。味だけじゃない、店主の人柄をも堪能できる、そんな店へと足を運んだ。

「けんちゃんホルモン」にて牛のハラミにサガリ、豚の舌のナンコツを。

早朝から
ホルモンとラーメン

■けんちゃんホルモン

店に歴史あり。店主に哲学あり。

焼き肉屋さんなのに、ラーメンも絶品。新鮮なホルモンのあと、さらにパワーをチャージ

「本当はさ、炭火だったら、もっとおいしいのよ。でも、ロースターのほうがキレイに保てるからね」と笑う。

お客が来るから始めただけ

■けんちゃんホルモン店主 **小野健嗣**さん

「24時間営業」というなら理解できる。けれどもなぜか早朝に開店。都心ならまだしもここは弘前市郊外。駅前でも繁華街でもなく、岩木山にほど近い、山間のロードサイドの一軒家なのです。「朝帰りに焼き肉行っちゃう?」というノリはどこにもありません。

心平さんも、

「どうして早朝営業するの? 常連さんがたくさんいるの? この辺りの人たちは、朝ごはん=ホルモン焼き?」と疑問符の嵐に……。ご主人・けんちゃんこと小野健嗣さんは、

「近所の人、来ちゃうんだよね」とよもやのお返事で。

「本当に朝から焼き肉!?」と衝撃を受ける心平さん。

「あはは。違うよ。うちさ、切手や県の収入証紙も売ってるからさ、そういうのを朝早くに買いに来る人がいるのよ」

だったら、ホルモン焼きのほうも開けちゃえばいいという理由で、朝7時にオープンしているのです。

ということで、心平さんも「朝9時入店」と、そこそこ常識的な時間にお邪魔することにした次第。訪れたのは見事な五月晴れの朝、いざ早朝ホルモン焼きにトライ!

「なんだろう……この罪悪感(笑)。でも、焼き肉にビールは欠かせないから、迷わず瓶ビール、お願いします!」と心平さん。お肉は、けんちゃんに見繕っていただくことに。

厨房を覗くと、とにかくお肉の処理がキレイ!

「こんなところ見て楽しいの? ただ並べているだけだから。な~んにもしていないから」とけんちゃんが言えば、

「こんなふうに仕事なさる方は、絶対においしいものを提供してくださる!」と心平さんが応戦します。

そうして〝焼き〟がスタート。肉を整然と美しく並べ、むやみに肉をいじらず火を入れる心平さん。

「あー、旨い! これは、ハイボールだわ。けんちゃん、ハイボールお願いします!」

すると、けんちゃん、「角瓶」を出してきました。

「朝だから数杯で大丈夫……」と言うと、「なに言ってんの。この間来たとき、ボトル空けちゃったじゃないの(笑)」。

ということで、名物・朝ラーメンもいただき、満足の1時間一本勝負でした。

shop info

けんちゃんホルモン

弘前市大字楢の木字用田181-3

☎ 0172-98-2751

7:00～19:00 休 火曜

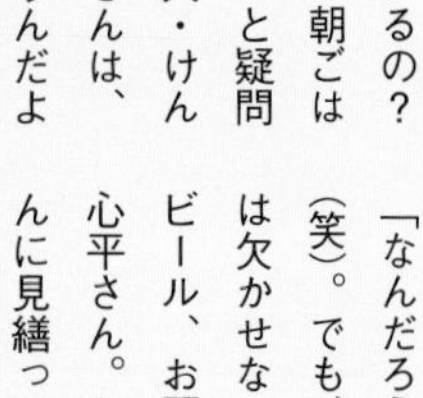

09:40 AM

すぐ飲んじゃうから
ボトルにしたよ

時計に注目！

09:19 AM

ホルモン
とくれば
ビールだよね
ビール大瓶
1本

09:42 AM

KIRIN
炭酸水

ご満悦♡

09:30 AM

すみません
ハイボール
ください

10:15 AM

できあがり〜

店に歴史あり。店主に哲学あり。

路地裏の、半露天の、惣菜屋

■奈良商店

焼き上がったばかりのサケ。ふっくらとしていて香ばしい。ここにカップ酒があれば……。

何十年も使われてきた、年季の入った“かまど”。炭焼きだからこそ、素材の味が引き出される。

バットにはいろいろなおかずが。「つくりたいと思ったのをお出ししているだけよ」

サケが焼けるまでの間、おでんをつまむことに。だしをたっぷり吸い込み……おいしそう！

店に歴史あり。店主に哲学あり。

「ぐ……。この旅で、いちばん旨いかもしれない！」と心平さんが唸ったのは、サケをかじり、咀嚼した直後のこと。

サケの切り身に串を刺し、炭火の〝かまど〟でじっくりと。中火の遠火だからこそ、じわじわと火が入ります。

「サケの奥行き感、なにより皮がおいしい！」

そんな味を提供するのは、奈良商店の奈良悦子さん。わずか2坪のスペースで、焼き魚におでん、ヤリイカとあさつ

左手が閉場した青森生鮮食品センターで、右手に半露天の店が並ぶ。

舅の跡を継いで、今日も店に立つ

■奈良商店店主　**奈良悦子**さん

きのぬた、ポテトサラダといったお惣菜をつくっています。

ん？　店というよりは、小屋のようで、それがなんともノスタルジー。くるくると調理する奈良さんはテキパキと無駄がなくてカッコイイ。

「そうかな？　毎日、同じことをしているだけだから。ここはもう50年、60年になるのかな。夫の父親、私のお舅がはじめたの。で、私が受け継いで。うん、教わったことをやって。自分なりにアレンジして、今日までやっている」

そんな奈良さんは、毎朝6時過ぎには炭を熾こし、9時ごろの開店を目指してひたすら料理をつくるのです。

そもそも、ここは、「青森生鮮食品センター（古川市場）」の路地裏で、市場で働く人たちがお客さんでした。でも残念なことに、市場は昨年5月（2018年）に閉場。青森市民の台所として64年もの間、使命をまっとうしてきましたが、地権者が土地を売却し、建物が取り壊されることが決まったのでした。

「いつでも、安くて、いい食材を仕入れられたのにね」と奈良さんが市場のほうを見る。

昨今は、〝買い食い〟の観光客がずいぶんと増えたそう。

「だって、この様子を見たら、買ってすぐに食べたくなるよね。炊飯ジャーがあるということは、ご飯も出してくれるんですか？」と心平さん。

「うん、あるよ。自分で惣菜を組み合わせて、ご飯を付けてお弁当にしていくお客さんも多いから。あ、ちょうどそういう常連さんが来た！」

と、奈良さんが、その男性

客のお相手を。相手をするといっても世間話程度で、そのお客さんは慣れた手つきで、惣菜を自分でまとめています。新聞紙でクルッとまとめ代金を払って、あっという間にさようなら。

「なんだか、こういうの、いいね、うらやましいなぁ（笑）」と心平さん。

奈良さんや常連さんにとっては特別じゃない日常、でも、旅行者にとっては非日常。だから、テーブルも椅子もないけれど、パッと買っては立ったままサッといただきたい。この路地裏の佇まいには、それがしっくりするのです。

仕入れ～仕込み、販売まですべてをひとりで担う。「いつまで続けられるかな……」

「今年は雪が少なくて楽だったぁ。いつもなら、この時期（2月）はまだ雪があるのに」

shop info

奈良商店

青森市古川1-11-6
017-776-6854
9:00～16:00ごろ
休 日曜

自家製麺に
自家製焼き干し

■大十食堂

懐かしさと芳醇さを兼
ね備えたソースが香る。
シンプルな具材で麺の
旨さが際立つ。

店に歴史あり。店主に哲学あり。

ヒラコ（マイワシ）の煮干しを天日干しする。おいしさのためには時間を惜しまない。

1900年（明治33年）創業の「大十食堂」へ。〝昔ながらの〟という形容詞がピタッとハマるラーメンが人気です。ラーメンだけじゃなく、チャーハンも焼きそばも、そしてオムライスも、超が付くほどのスタンダード。

「大十さんは、いつまでも変わらない味だねぇ」という感想を裏切らず、その実、〝変わらぬように、ちょっとずつ変えてきた〟という老舗の宿命を背負っているのです。

「そう言うと大げさだけど（笑）、続けるための努力は惜しまない」と、四代目店主の西谷豊さんは言います。

　ラーメンがメニューに登場するのは戦後まもなくのこと。手揉みをした自家製麺もそうですが、なによりスープへの思い入れが強い。その最たる

明治33年創業。食堂店主の心意気

■ 大十食堂店主 **西谷 豊**さん

右上：ヒラコの煮干し。右下：粉砕し乾煎りしたものをスープに投入する。左上：モチッとした食感の自家製麺。左下：一番人気の「ラーメン、焼きそば、おむすび、おしんこ」のAセット。

ものが「焼き干し」。

「昔はね、焼き干しは高いものじゃなかったんです。ですが、いろいろと材料が高騰するなか、今、〝焼き干しに加工された〟ものはとんでもなく高くなりました。一杯1000円いただけるお店ならともかく、うちはず～っと庶民価格。そうそう値上げもできませんし、したくもない！」


では、どうするか？　努力の人である四代目は、自分で焼き干しをつくってしまおう！となったのでした。

「それって、すごく時間と手間がかかりますよね？　煮干しをご自分で焼くってことですものね？」と心平さん。

　すると四代目が、ちょっと店の裏手へ、と手招きを。

「ヒラコの煮干しを仕入れまして。こんなふうに天日で干すんです」と、そこには煮干しが広げられ、ネットが掛けられていました。

「一日干したものを、臼で細かく挽きます。それをさらに乾煎りして。あ、この状態のも見てください」と、一斗缶からすくうと、ふわっと焼き干しの香ばしさが漂います。

　これにとんこつ、昆布、カツオ節を加えて、大十食堂ならではの、まろやかなスープができるのです。このスープは、焼きそばにもちょっとだけ使われており、それが安定の、店の味の決め手。

　となれば、心平さんがオーダーするのは「焼きそばとミニ中華そばセット」。

「ああ、本当、まろやかでやさしいスープです。麺との絡み具合もすばらしい。そして焼きそば。豚肉と玉ねぎだけという潔さもいい。うん、自家製ソースの底に焼き干しの存在が光っている！」

　よかった、と西谷さんが胸をなで下ろす。その謙虚さ、そして情熱、これが百年以上続く食堂の心意気なのでした。

上：調理は四代目が行うが、オムライスだけは、奥さまが手がける。左：焼きそばと中華そば。どちらから手をつけるか悩んだ……心平さん。

shop info

大十食堂

平川市尾上栄松19-1
☎ 0172-57-2022
11:00～16:00（土日はなくなり次第終了）　休 月曜

店に歴史あり。店主に哲学あり。

日本屈指のクラフトビール

■ギャレスのアジト

「どれもこれも興味深くて、迷っちゃう」と心平さんが選んだのはテイスティングセット。フードは、気軽につまめるメニューばかり。名物のフライドポテトは注文が入ってからカットし、揚げている。

店に歴史あり。店主に哲学あり。

稼働して３年目のブルワリー（ビール工場）は１階に。２階が「ギャレスのアジト」だ。

生まれはフィラデルフィア、弘前で起業する

■ ギャレスのアジト店主 **ギャレス・バーンズ**さん

好みの3種を選んだら、まず撮影！

　近ごろは、クラフトビールが注目されていて。また、〝ビール好きが高じて自分でブルワーになる〟――というケースも増えているようです。

　そうしたマイクロブルワリーが青森県にはじめて誕生したのが3年前のこと。驚くなかれ！　なんと、その主はギャレス・バーンズさんといい、つまりアメリカ生まれのアメリカ育ちの外国人なのです。

　アメリカ人なのに〝津軽でしかつくれないクラフトビール〟を掲げるギャレスさん。その経歴を耳にした心平さんは、「ぜひともお会いしたい。ギャレスさんのビールを飲みたい！」とお邪魔した次第。

　お店は弘前駅から1キロちょっと。やや不便な立地ながらも熱気に満ちています。

「あとでブルワリーにご案内するね。まずは僕のビールを飲んでみて」とギャレスさん。

　ギャレスさんが醸造する「ビーイージーブルーイング」は、じつはクラフトビール愛好家には知られた存在です。それらが、この1階でつくられているなんて。〝てらこ〟〝にぐにぐと〟〝けやぐのすみすご〟〝むたむたど〟……というようにビールの名前も津軽弁でキュートで、そそられます。

米国はフィラディルフィア生まれのギャレスさん。日本語ペラペラ＆流暢な津軽弁。趣味はスノーボードと三味線！

「ますます、どうして青森でビールづくりという疑問が……」と心平さんが尋ねると、「青森に決めたのは、ここにはクラフトビールが根付いていないから。津軽でしか飲めないビールをつくろうと思ったから」とギャレスさん。そんなギャレスさんの経歴をさかのぼると、

「アメリカ空軍爆発物処理班に所属していて技術者として青森に。2003年から2007年まで滞在して一旦、アメリカに戻ったときにクラフトビールに感激してね」

　そのビールは、ギャレスさんの友人がつくったもの。「なら、自分でも醸造できるかな」とビールづくりを独学。醸造所もひとりで設計、建ててしまったそう。

タップハンドルは社員の名前とロゴを刻んだオリジナル。ビールを注ぐ直前に、グラスの内側に一瞬で〝水の膜〟を張る。これがおいしさを伝えるコツのひとつ。

「すごいバイタリティ。僕は、『けやぐのすみすご』が気に入りました。燻製の風味よく熟成感もあっておいしい。時間をかけて味わうのにいいね。

それにしてもギャレスさん、醸造所をつくるのに一番大変だったことは？」

「役所に出す書類だね。何度もハンコを押して何度も通って、ホント大変だった（笑）」

そこは日本人としては、「ごめんなさーい」と笑うしかありません！

でも、そうして夢を実現させるために、全財産を注ぎ込み、日本人スタッフも正社員として育ててきたギャレスさん。津軽から発信されるビールから目が離せません。

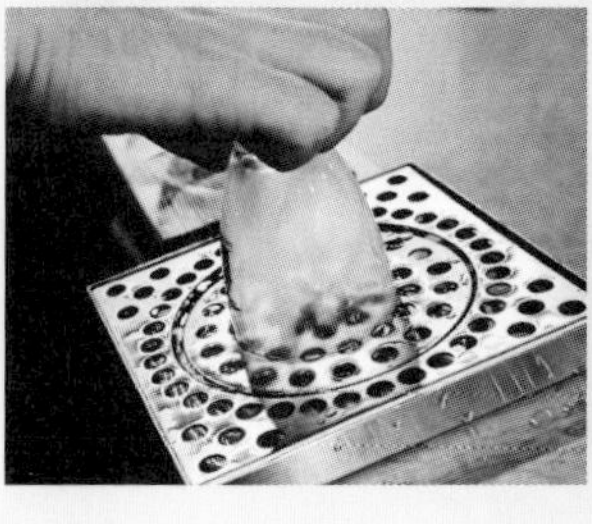

shop info

ギャレスのアジト

弘前市松ケ枝5-7-9
0172-78-1222　17:00～23:00（土曜日曜は11:30～）
休 月曜・火曜

五戸の郷土食・馬肉を南部鉄器の義経鍋で

■レストランささ木

合理的でビジュアルもよし。心平さんは帰京後、通販で義経鍋を買ってしまったという。

いっぺんにふたつの調理を堪能できるのが肝。「目の前の自分の肉に集中できるね」

店に歴史あり。店主に哲学あり。

はーい、みなさん、〝義経鍋〟をご存じですか？　聞いたことがない？　ですよねぇ。

おそらく青森県出身でないと知らないかと……。調理道具に詳しい心平さんでも、「はじめて見た！」と興奮（笑）したほど、よそでは見かけない鍋なのです。

鍋と鉄板が一体になった、独特なカタチをしていて、水炊きと焼き物がいっぺんにできちゃうというスグレモノ。

どうして、この名が付いたかというと源義経にちなんでいるから。なんでも、義経が奥州平泉へと向かう途中のこと。従者・弁慶が、鴨を捕らえ、それを食べようとしたところ鍋がない。あたりを見回すと、「兜って鉄製じゃん。コレ、鍋にしちゃえばいいいんじゃん！」と閃いたとか。やや、強引な由来ではありますが……義経鍋中央のクボミ＝兜鉢で、周りの板部分＝兜の錏《しころ》ということでしょうか。

江戸時代は薬膳料理だった馬肉を低価格で

■ レストランささ木店長 **佐々木隆博**さん

そんな義経鍋を使ったお料理をいただけるのが、五戸町にある「レストランささ木」なのです。五戸町といえば「馬食文化」というほど、馬肉料理が盛んな土地です。その理由は、かつて南部藩だった時代、軍馬の育成のために牧場が多数あったから。江戸期は、獣肉禁制ですが馬肉はセーフ。

「当時は薬膳料理として珍重されていたんですよ。馬肉は低カロリー、高たんぱく質で鉄分が豊富。ヘルシーなお肉ですから。さっ、モリモリいただきましょう。というか、早く〝義経鍋〟を使いたいい！」と心平さん。

義経鍋の使い方

義経鍋の話ばかりで恐縮ですが……。この形状＆システム、気になって仕方ありません。自宅でやる場合は、「油ハネに充分に気をつけるべし」。残念ながら心平さん、購入した義経鍋は未使用とのこと。

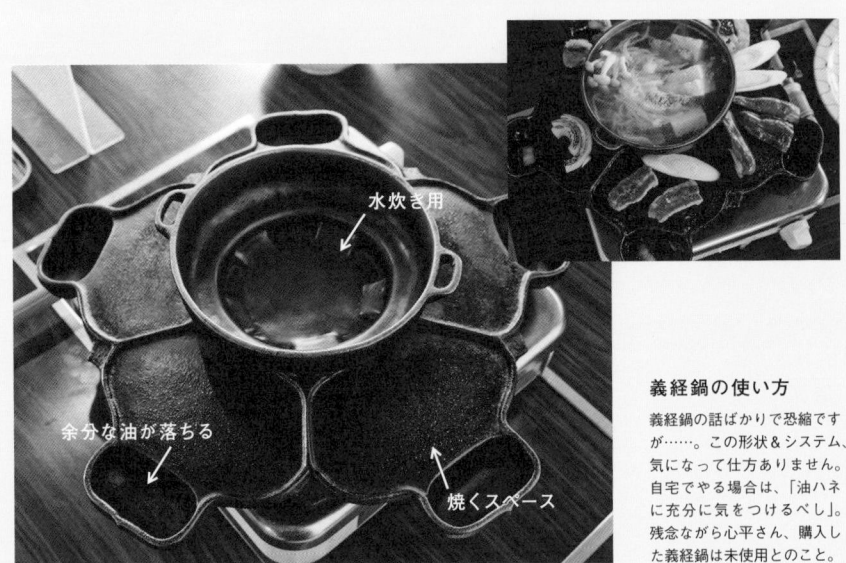

目の前に設置された、リアル〝義経鍋〟のディテールをチェックしては、「ほぉ〜、ここに脂が落ちる仕組みですか」と感心し、名物の馬肉焼き肉をいただきます。

「脂身と赤身部分の一体感があって、サッパリとおいしい。やはり、常連のみなさんも、馬を召し上がるんですか？」

心平さんがそう質問すると、「それがそうでもなくて（笑）」と店長の佐々木さん。

じつは……「ささ木」では、馬のほかに牛、豚、鶏、ラム、ハンバーグなどがいただける「焼肉食べ放題」があり、飲み放題も付いて90分で4200円！ あちらの男性2人組も「食べ放題」でした。食べ放題は若者の特権かと思いきや、ちょっと先輩のよう。

「あー、やはり、働く男には食べ放題ですな。馬肉なら、いくらでも食べることができるかも！ 馬力もつくし（笑）」と心平さんも納得です。

食べ放題にしろ、そうでないにしろ、〆は「シャモロック」のラーメンか蕎麦がおすすめです。

遅めの昼ごはんとして来店なさった男性たち。食べ放題の場合は普通の鉄板でした。食べ放題はセルフ方式。この棚から好きなものを好きなだけチョイス。精肉店が母体なだけに肉の質は言わずもがな！

shop info

レストランささ木

三戸郡五戸町下モ沢向13-162 ☎0178-62-6401

11:00〜21:00

休 火曜

「乾物＝乾いたものではない」の衝撃

■あきやま商店

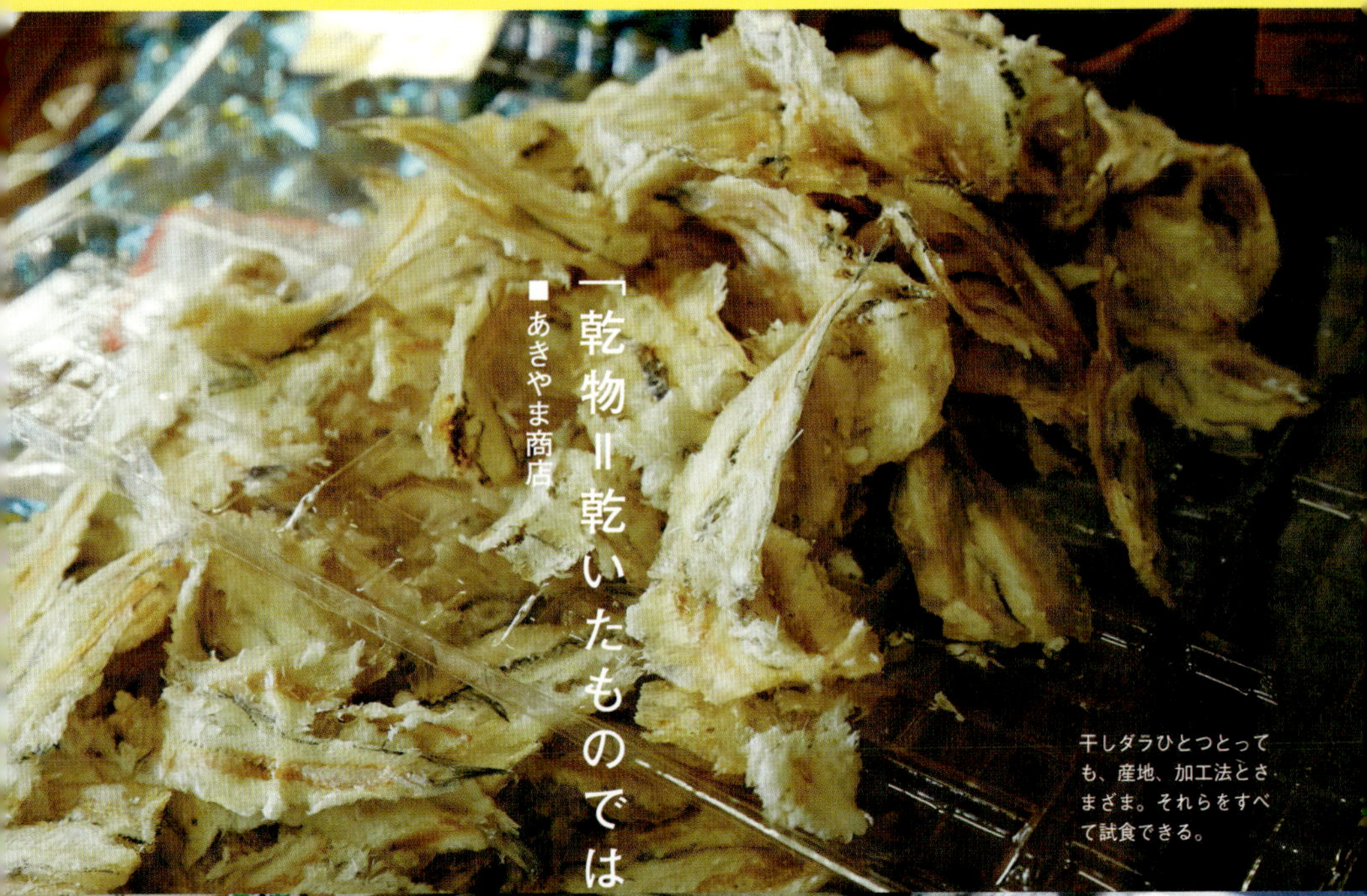

干しダラひとつとっても、産地、加工法とさまざま。それらをすべて試食できる。

昆布に煮干しと料理に欠かせない乾物も。「昆布を布巾で拭くのはナンセンスと知りました」

「とにかく、まずは嗅ぐこと」という秋山さん。指導のもと、しかと嗅いだ心平さん。

店に歴史あり。店主に哲学あり。

出張販売が多く、この本店でお目にかかれるのはレアな秋山義隆さん。奥さまと二人三脚で頑張ってきた。

薄くてやわらかな「若生昆布」は、おむすびを包むのに。半月形に握るのが津軽流だそう。

八戸で漁師の息子として生まれ、青森で乾物屋をはじめた

■ あきやま商店店主 **秋山義隆**さん

「買っても買わなくてもいいから試食してみてー」と言う秋山さん。

秋山さんのレクチャーに、料理家としての魂に火がついた心平さん。

スルメに干しダラにサケとばなど、お酒のつまみにあると便利な乾物。便利だけれども、思い入れもなく、ポイッと口に放り込んでいて。乱暴な言い方ですが、正直「どれも同じでしょ」と思っていました。ところがどっこい。秋山義隆さんにレクチャーされると、「乾物の常識を覆された。よもや、これほど奥が深いものだったとは！」と心平さんは驚きを隠せません。

まずは〝乾物の味わい方〟から教わります。

「はい、まずは嗅ぐ。いいにおいでしょ？　はい、口に入れる。でもまだ噛まないで。ちょっとだけ待って。だしを味わうように！」

すると、ほんのり香りが立ち、旨みが出てきて……いえ、どんどん味が濃くなって！

「噛んで！」と促され、

「うわぁ。こんなに味わいのある乾物はじめて。乾物なのにフレッシュというか」と心平さんが言えば、

「そうです！　うちの乾物は新鮮なんです」と秋山さんが胸を張ります。

「お茶っこ飲みながら、口に

昆布の生い立ちからだしの取り方、さらには切る前のロングな昆布も見せていただいた。

放り込んで。噛まずにしゃぶっていると旨みが出てきてねぇ。何十分も味わうものなんだから」と、乾物は噛むものでなく（もちろん噛んでいいのですが）、「しゃぶるもの」であることも教わりました。

秋山さんの言葉ひとつひとつに、目をキラッとさせながら、「新しい世界を知った気がする」と言う心平さん。

秋山さんが扱う乾物の条件とは、①乾いていない。②硬くない。③臭くない。④香りがある。⑤噛めば噛むほど後味がよい。

というもの。そして、どの乾物も添加物等はいっさいなく、よい素材をそのまま加工したものばかり。

「これを知ってしまったら、もう、よその乾物、食べられないね。でも、秋山さん、どうして乾物にそれほどまでの情熱を？」

この道42年の秋山さんは漁師の息子として八戸に生まれ、八戸で育ち、漁師を継ぐことはなくサラリーマンに。けれども脱サラをして乾物を商売に。でも当初から軌道に乗ったのではありません。よい乾物をどうやったらたくさんの人に食べてもらえるか、を試行錯誤し、〝唄いながら薦める〟というスタイルを開発!?

♪お食べなさい〜みんな私のものだけど〜食べればあなたのモノになる〜あきやまちゃんおつまみは〜どうしてこんなにおいしんだ〜♪

たかが乾物、されど乾物——。乾物の奥深さを実感した、青森の朝なのでした。

店に歴史あり。店主に哲学あり。

shop info

あきやま商店

- 青森市古川1-15-16
- 017-773-2337
- 8:00〜17:00
- 休 毎月8日

独学で極めた魚のおいしい食べ方

■塩谷魚店

たった今、“神経〆”されたばかりのアイナメ。おだやかで澄んだ目をしている。

処理の仕方の違いによる、魚の香りを確認。「毎回、発見があります」と心平さん。

店に歴史あり。店主に哲学あり。

薄づくりのお刺身。昆布締め、塩でいただくものなど、塩谷魚店は実験室でもある。

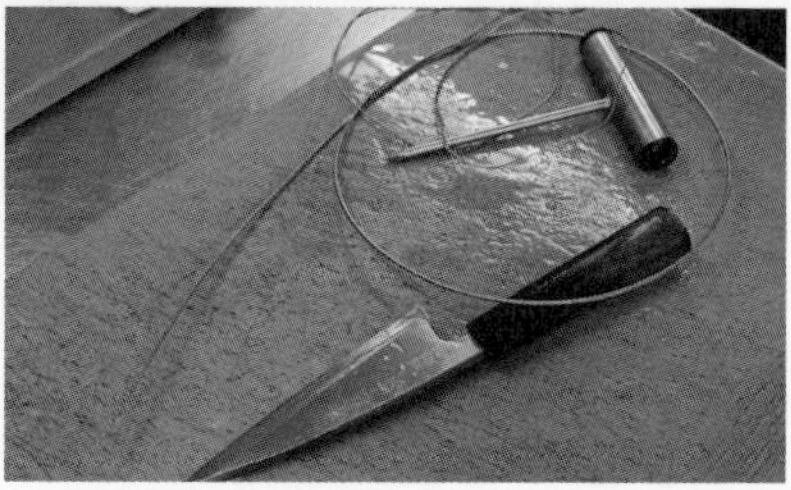

あらゆる魚の鮮度を自在に操る塩谷さんが使う道具。「おいしい魚を届けたい」という一心で技術を磨いてきた。ワイヤーも包丁も、まさにプロの仕事道具といった感。

神経〆なら魚のストレスが少ない

■塩谷魚店店主 **塩谷 孝**さん（神経〆師）

「青森で魚のことなら塩谷さん！」と心平さんが太鼓判を押す塩谷孝さん。塩谷さんは創業86年、鮮魚の卸・小売店「塩谷魚店」の五代目であり、「浜の仕事人 北日本神経〆師会」の会長を務めています。〝神経〆〟とは、魚の死後硬直を遅らせて鮮度を維持する技術のこと。これによって、遠く離れた土地でも、青森の鮮魚をおいしい状態で食べられるのです。

「はじめてお伺いしたときに、神経〆の技術を教わりまして。とても計算された緻密さに感銘を受けました。いい魚をいい状態にしていってくれるだけでなく、調理方法のアドバイスもすばらしいんです」

と言う心平さん。

塩谷さんが「試していただきたくて」と用意していたのは、クチコやコノワタ、塩辛などのアミューズ。これらをいただいたあと、締め方の違いや、そのままで、塩だけなど、醤油を使わずにいただく刺身の数々が続きます。

身の質感、香り、味の違いを興味深く感じ、味わっていた心平さんは、

「塩谷さんは、魚のポテンシャルを極限まで引き出してくれるなぁ」と改めて実感した

様子です。せっかくだから、と神経〆を見せていただくことに。塩谷さんが選んだのは昨日揚がったアイナメ。いけすの状態も〝おいしさ〟に影響するそう。

「獲られるときは、魚は非常に興奮していますから。興奮して血が巡っていると身がよくない。ですので、ここでリラックスさせます」

塩谷さんの手法には、脳を破壊する「脳殺」、脊髄を破壊する「神経〆」、血を抜く「放血」がありますが、「脳殺～神経〆」を先にするか、「放血」を先にするか、その順番は魚種によって、はたまたお客さんの要望によって異なります。この日は前者を。

「脳を破壊するために開けた穴からワイヤーをさします。ハイ、脊髄に入れるんです。魚にストレスを与えないよう素早く入れますが、その感覚も個体によってまちまち」

経験に基づく技術ですが、それらを数値化し、学術的にもアプローチしているから、塩谷さんの神経〆には間違いがないとか。魚はいっさい暴れることなく、塩谷さんに身を委ねたまま。ある種、幸せな最期かもしれません。

魚の食感を重視するのか、それとも旨み？　香り？　というのは人それぞれ。だから、

塩谷さんは、

「オーダーメイドで、その方に合った魚をつくっていく。おいしいのひと言が最高の褒め言葉ですね」

「魚のおいしさ、可能性はまだまだ深い」と感心しながら、試食を重ねた。「心平さんにもっと知ってほしくて」と塩谷さんの情熱も熱い。

shop info

塩谷魚店

青森市本町5-10-7
☎ 017-734-8221　7:30～12:00、14:30～17:00（祝日は午前のみ）　休 日曜

漁師さんが獲った魚を、料理人や消費者の方々に「よりいっそう〝いい状態〟で届けるのが使命」と言う塩谷さん。「おいしいというひと言、それがなによりうれしい」

酒と音楽に浸るなら

■CRAZY HORSE SALOON

酒と音楽へのアンテナが光るマスターがセレクトしたのは、台湾のウイスキー「カバラン」。

酒のうんちく、音楽のネタとなんでもござれ。所狭しと酒が並ぶカウンターこそ、特等席。

「よく覚えていないんだけれど（笑）、いつも気持ちよく飲めて、会話ができる。一日の終わりはそんなふうに過ごしたいよね」

shop info

CRAZY HORSE SALOON

青森市本町2-1-26
017-777-3343
21:00ごろ～
㊡ 月曜

夜が更けるにつれ、変わり者たちが集う

■CRAZY HORSE SALOON店主 **アーニー**さん

「泊まっていたホテルの隣にあって。飲み足りず……吸い込まれてしまったのが最初」

そうです、心平さんは大のお酒好き♡ そして音楽好き。なにを隠そう、学生時代は本気でバンド活動をしていて、プロになりそうでなれなかったとか!? そんな心平さんにとって「クレイジーホースサルーン」はリラックスできる場所。ウイスキーにジン、クラフトビール、本格焼酎など、酒類充実。なにより、音楽のセレクトが絶妙です。

「音楽好きのふたりでやっているんです。グレイトフル・デッドをこんなにかけるバーは青森ではうちぐらいでは?」とはマスターのアーニーさん。

ライブスポットとしての顔もあり。青森の夜、酒と音楽に浸るにはここが一番です。

店に歴史あり。店主に哲学あり。

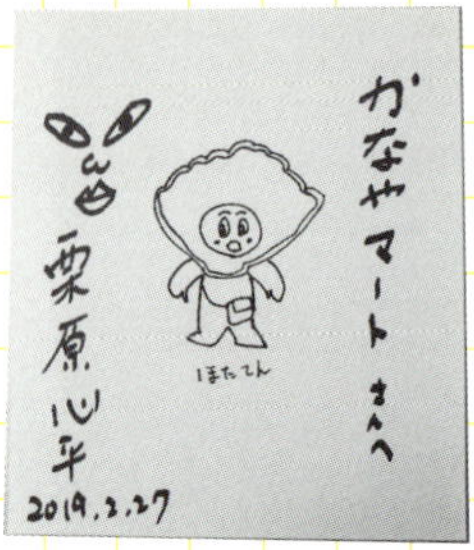

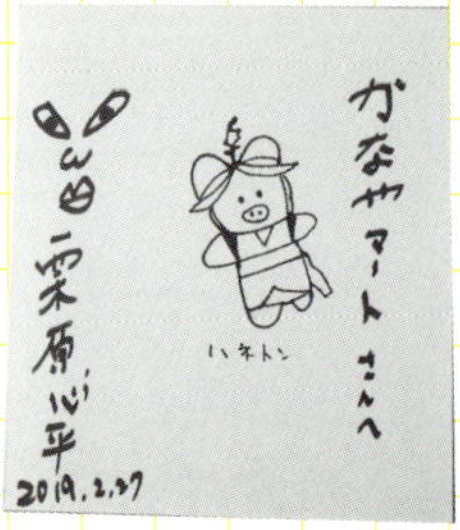

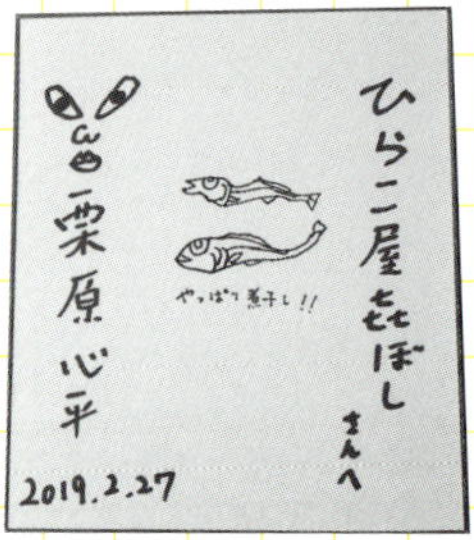

色紙コレクション

心平さんの「サイン色紙」を覗き見すると、なんと、ご当地のゆるキャラや名物にちなんだイラストがどーんと描かれていたのでした。

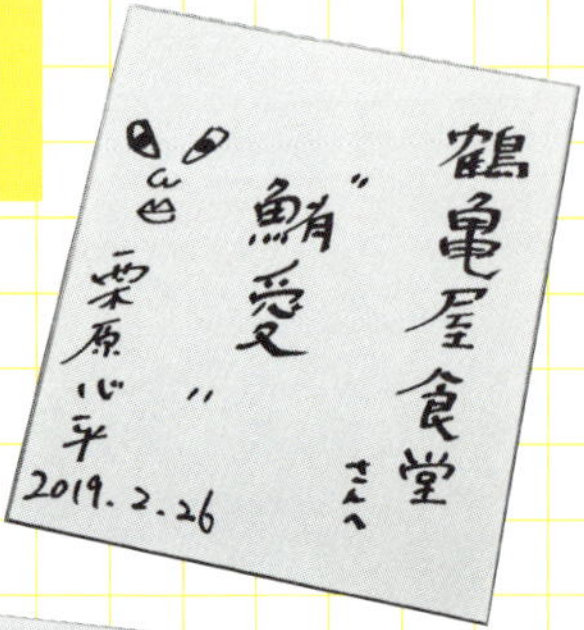

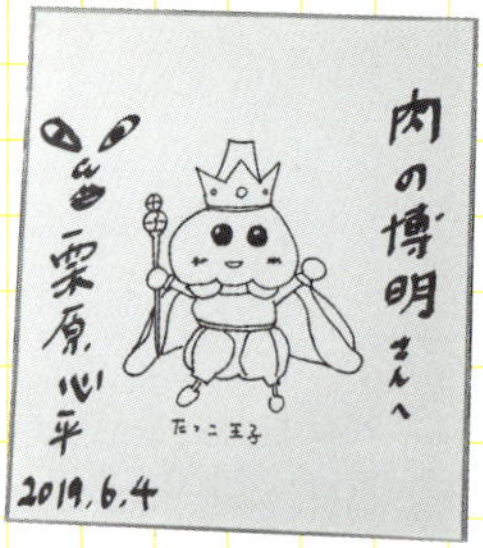

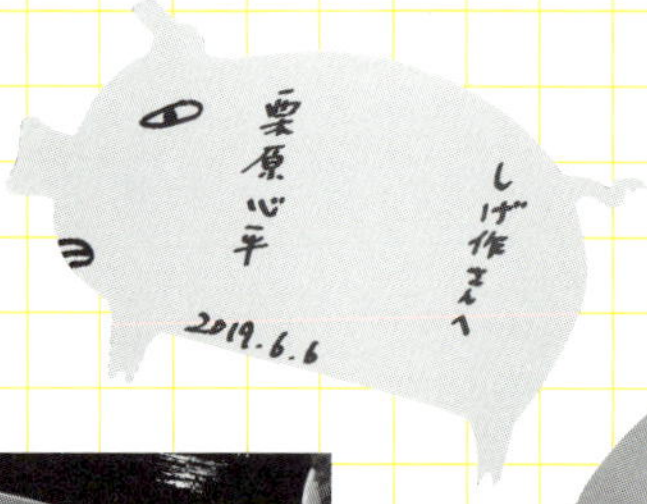

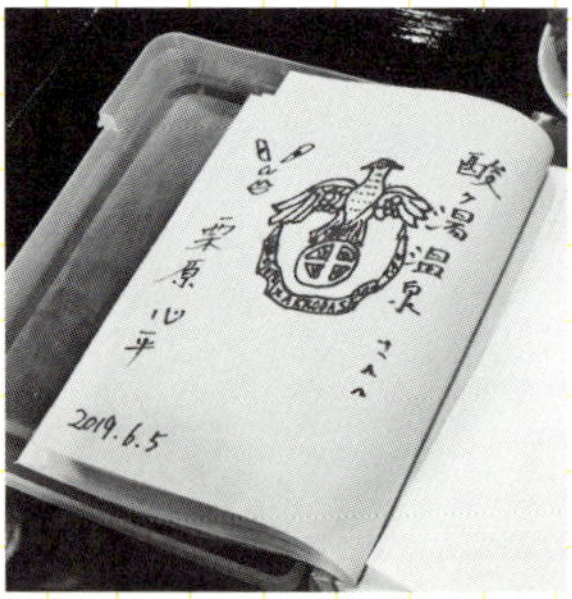

加藤正人さんへ
栗原心平
蔦屋さんへ
栗原心平
2018.12.19
ヤマヨ十和田店さんへ
栗原心平
鰤じゃないよ鯖だよ。
やきとり佐々木さんへ
栗原心平
ザ・焼鳥!!
2019.2.27
天間林ドライブイン様へ
栗原心平
2018.12.20

天間林ドライブイン様へ
栗原心平
2018.12.20
海老名さんへ
栗原心平
2019.2.26
塩谷魚店さんへ
栗原心平
2019.2.28
木村さんへ
栗原心平
田酒
2019.2.26
天間林ドライブイン様へ
栗原心平
2018.12.20
みなと食堂さんへ
栗原心平
2018.12.21

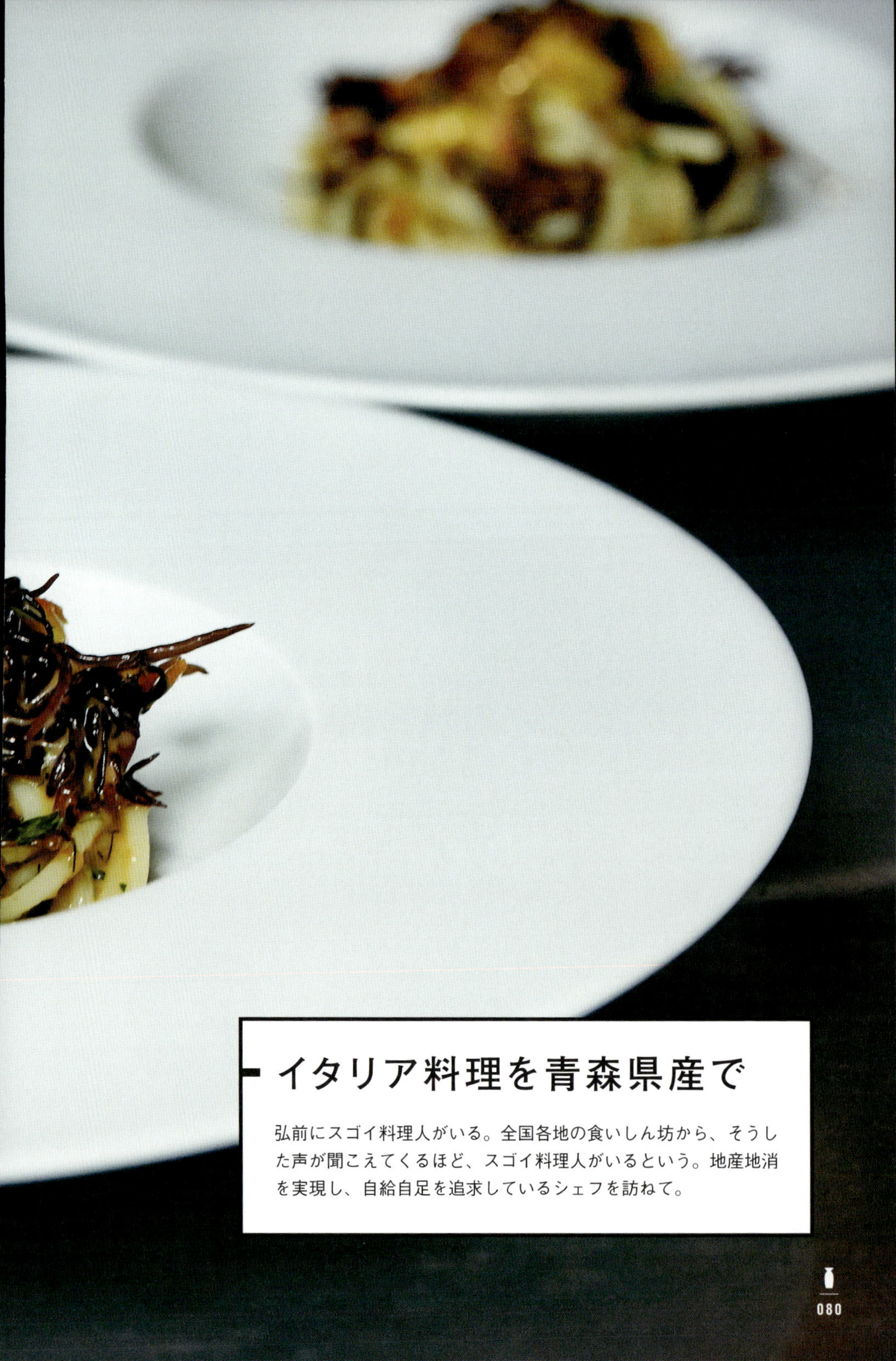

イタリア料理を青森県産で

弘前にスゴイ料理人がいる。全国各地の食いしん坊から、そうした声が聞こえてくるほど、スゴイ料理人がいるという。地産地消を実現し、自給自足を追求しているシェフを訪ねて。

上／2014年に購入したぶどう畑で、あれこれレクチャーを受ける。下・右／「自分がつくる料理に必要なワインとチーズ、野菜があればいいんです」とシェフ。ちなみに趣味はマグロ釣り。下・左／実家の畑横には、最初のぶどう畑がある。

果たして〝スゴイ料理人〟とはどうスゴイのか？　野菜にハーブ、果実、チーズに生ハム、パン、パスタ、さらにはワイン、シードル……などなど。自分が欲しいものは、なんでもつくってしまうという。

地産地消と言葉にするのは簡単ですが、自ら野菜やハーブを育て、ぶどうを育て、ワインを醸し、肉も加工するのは、かなりレアなこと。まさに自給自足を実践。そんなスーパーな料理人の名は笹森通彰さん。弘前にある「オステリア エノテカ ダ・サスィーノ」のオーナーシェフです。

笹森シェフは1973年に弘前で誕生。小さいころから料理人を目指していたワケではなく、高校卒業後は仙台にあるコンピュータの専門学校に。そのとき、イタリアンレストランでアルバイトしたことが、料理人を目指すきっかけとなったそう。

当初は、「イタリア車が好きだからイタリアンの店でバイトした」だ

上＆右／生き生きとフレッシュなハーブが多数育てられていた。毎朝、畑を見てメニューを決めるということは、メニューにしばられないということ。素材を尊重するそんなシェフのスタイルが素敵だ。下／実家の座敷を改装した醸造所＆貯蔵庫。ワインリストに載る名称は「ファットリア・ダ・サスィーノ」。ファットリアとは農場の意。ナイス！

けに過ぎませんでしたが、料理に魅了され、専門学校を卒業後、そのままその店に就職。

「地元で自分の店を持つ」を目標に仙台で3年、調理の基礎を叩き込み、東京の有名店で3年の修業を経て、イタリアではミシュラン2つ星レストランで2年半、研鑽を積みます。そして、帰国後の2003年に地元・弘前に店を開いたのでした。

心平さんが、笹森シェフと出会ったのは2年前。東京で行われた〝発酵・熟成〟をテーマにした青森県主催の食イベントでのこと。笹森シェフがつくったブッラータ、生ハム、ワインに驚かされたそう。

「いつか、きちんとお店に伺ってお食事をしたいと。ようやくそれが叶いました。しかも、今日は畑もワイナリーも見学できるとは！」

という心平さんを、笹森シェフは、「こちらにどうぞ。実家を改装して

ふたりの背後に写っているのが、岩木山を望む1ヘクタールのぶどう畑。元は田んぼだったため、水はけには充分気を使っているという。畑仕事は笹森シェフのお父さまも手伝っている。

つくった、小さな醸造所なんですが」と案内してくれました。

「作業場と熟成庫を兼ねていて、ここで醸造から瓶詰め、ラベル貼りまで行います。試飲いかがですか？」

「もちろん、いただきます（笑）」と、まずはシードルを。

心平　酸がしっかりしていて、引き締まった印象。そして、ネッビオーロの赤ワインもいただきます。うん、すごく可能性を感じる。出荷されるのが楽しみですね。それにしても、どうして、あれこれを自分でつくろうと思うようになったんですか？

笹森　イタリア修業時代に経験した、自給自足のレストランがきっかけになっていますね。20歳で料理の道に進み、仙台、東京、イタリアと学んできて。東京ではできない店をやりたいと考えて。それには故郷である弘前で、弘前だからこその食材を使って勝負しようと。できる限り、自家製の食材をつくろうと。

心平　地元の食材を積極的に使うだけでなく、〝自分でつくろう〟というのがすばらしいです。

笹森　子どものときから、自宅の畑で採れた野菜を食べて育ちましたからねぇ。そのおいしさを肌で知っているというか。

心平　なるほど。仕入れた野菜じゃ満足できないぞと（笑）。ということは、最初は畑づくりからですか？

笹森　はい。かつて祖父母がやっていた畑を譲り受けました。実家の隣という立地で店からも近い。野菜の苗、果物からスタートして。

心平　烏骨鶏も飼っているとか？

笹森　今はやめてしまったんですが。卵を料理やデザートに使っていましたね。では、畑に行きましょうか。

心平　ホント、すぐ近くにあるんですねぇ。ハウスではハーブ類が……。あー、充実してますね。

笹森　20種類以上はあります。つまみます？　花もイケるんですよ。

心平　香りも味もすごく印象的です。畑仕事は毎日ですよね？

笹森　そうです。毎朝、ここを見ることから一日がはじまります。ここにあるものを活かしてメニューを組み立てるというか。

心平　シェフのお料理は畑でインスパイアされているんですね。自家栽培以外の食材は？

笹森　できる限り近くの生産者の方から直接仕入れています。食材の素性を大切にしたい。自分が納得できる素材を使いたいという気持ちもありますが、お肉にしてもお魚にしても、直接会うことができる方にお願いしたい。お客さまに、安心して召し上がっていただきたいですから。

心平　とても共感します。ご自分が満足できるレベルを、つねに求めて工夫し、チャレンジしていらっしゃるんですね。ワインも同様のお気持ちですか？　もしやシェフ、将来的には自給率１００％を目指していらっしゃるのでは？

笹森　すぐには難しいですが近づけたいです。さて、ぶどう畑まで、ちょっと歩きましょうか。

心平　おお！　岩木山が美しい。素敵なロケーションです。見守られているというか、気持ちのいい空間だなぁ。ワイン用ぶどうの栽培はいつからですか？

笹森　２００６年です。実家の畑すぐ横で実験的にはじめて、この土地に適応する品種を探って……という感じです。

心平　自家栽培の原料でつくり、自らのレストランで提供できる許可をもらい「ハウスワイン特区」に認定されていらっしゃる？

笹森　はい。無事、醸造の許可が下りまして。最初はカベルネ・ソーヴィニヨン、シラー、メルローなど世界的な代表品種と、イタリア品種の

笹森シェフの真骨頂は野菜とワインだけにあらず。肉の旨さを引き出す、絶妙な火入れのビステッカの満足度はかなり高い。「素材の力を信じているので料理はシンプルに」とのこと。オープンキッチンの前にはカウンター席あり。調理の臨場感を堪能できる。また、ハムやチーズの熟成庫としての役割を持つワインセラーも覗き見したい。

ネッビオーロ、バルベーラなどを植えて。ま、実験のようなものです。
心平　今は、こちらの畑で？
笹森　各品種を育てたなか、うまく仕上がっているのはネッビオーロ種。弘前の、この土壌に合うんですね。
心平　ハーブ畑もそうですが、こう、ナチュラルな感じがすごくいいですね。この畑と岩木山を眺めながら、ワインを飲んで、お食事をいただければいいのに（笑）。
笹森　ですよね！　オーベルジュの計画、なくはないんです。
心平　すばらしい。畑仕事のお手伝いをして、食事とワインを楽しむ。ああ、理想的です。今夜のお食事も大変楽しみです。

　ワイナリー&畑見学から数時間後、ディナーへと。「オステリア エノテカ ダ・サスィーノ」ではお料理はすべておまかせのコースのみ。お酒もシェフに委ねて、自家製「弘前アポーワイン！」でスタートを。

　最初のひと皿から「自分でつくった素材を最大限に活かす」というシェフの精神がそこかしこに。自家製、自家製と連呼するが、チーズもハーブも、自家製だからこその瑞々しさと力強さが漲っているのです。

　「それらが組み合わさった際のバランスが驚異的で、非常に興味をそそられます」と、作り手のプロであり、食べ手としてもプロである心平さん。

「生ハムも好物で、ずいぶんと食べている自負がありまして。見れば、たいていの味が想像できるのですが、まったく異なる味わいで驚きました。

　また、はじめていただいた『深浦サーモン』にもそそられます。海峡サーモンは何度となく料理してきましたが、これは初体験。自分でも早く試したい」

　〝素材への探究心と好奇心〟を刺激された濃密な体験。「本当のごちそう」を考えた一日になりました。

SASINO ROSSO 2016
Vigneti in Iwaki Sasino

shop info

オステリア エノテカ ダ・サスィーノ

- 弘前市本町56-8
- 0172-33-8299
- 18:00〜21:00LO
- 休 日曜

電車に乗って

「この電車、見たことあるな〜」と思ったら、大鰐線は東急電鉄の旧型車両を使っていた！　のどかな車窓で、プチ旅鉄気分です。

ワンマンカーの
２両編成に乗ります

改札鋏！
珍しい

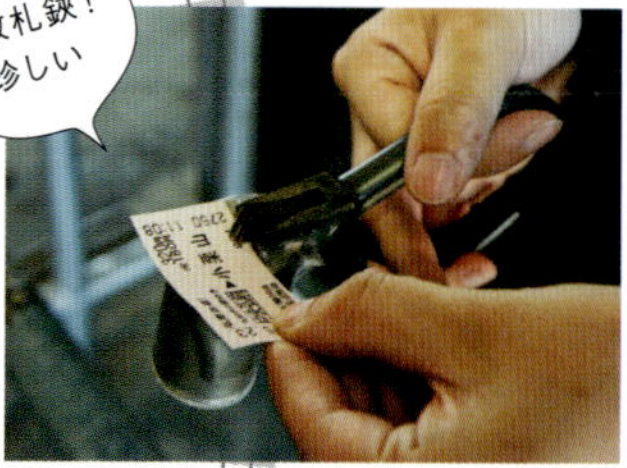

たまには
電車もいいね

時間まで
待合室で過ごします

まだまだ旅は続く〜

りんごの吊り革

この吊り手のイメージは『りん
葉のモチーフは『岩木山』です

Lucky!

小栗山駅で下車します

旅先 Shopping

旅慣れてくると、どうにもこうにも「フツーのお土産屋さんには満足できない」——そんなカラダになってしまうもの。ならば、骨董屋的酒屋さんorローカルスーパーはいかが？

世界の酒類にオリジナルの珈琲豆、珍味に骨董を扱う十和田の桜田酒店。この店構え！入るに決まってるでしょ！

飲料メーカーが酒販店や飲食店に配っていたノベルティや懸賞グッズだったと思われるグラスたち。

缶詰の王道＝さば水煮。
でもこれはかなりレア
な〝みそカレー牛乳味〟。
P22「かなやマート」で
発見しました。

八戸酒造で購入した八仙オリジナルお猪口。ちょっと大きめサイズが気に入って、試飲の思い出に。

南部鉄器の栓抜きはカタチがキュート。干支にちなんだ動物型もナイス。あれ？　心平さんは午年だよね？

年代は不明だが、陶器製のアイスペール＆ピッチャーの販促品（たぶん）。企業モノ好きにはたまりません！

虫かごなのか鳥かごなのか？　見当はつかないけれども、工芸感……いやヴィンテージ感にグッときた。

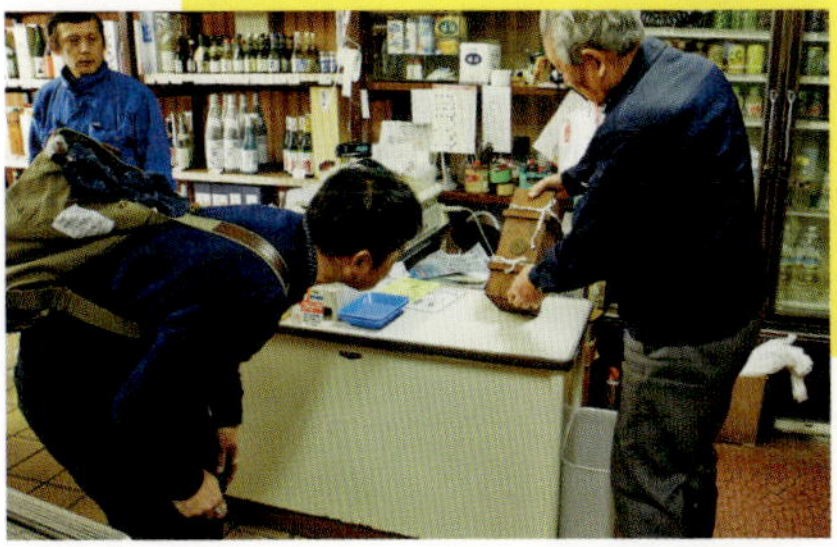

野辺地駅前の「松浦酒店」はデッドストックの宝庫。ご主人が、箱に入った超高級酒を見せてくれました。

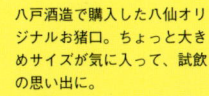

何を食べても旨い六兵衛

青森市を訪れるたび、ふらっと寄ってしまう店がある。ひとりで来ても大勢で来ても、いつも変わらずあったかい。ふだんづかいの値段と心ある料理。ほろり人情噺も似合う場所で、さあ、一杯。

ここは青森駅のほど近く。歩いてすぐのアーケード街。昭和感が漂う一帯のなか、ひときわ色濃く光るのが「六兵衛」だ。〝たる酒と貝焼〟と記された看板と縄のれん、地下へと続く階段を見るだけで、「帰って来たなぁ。ここに来れてよかったなぁ」としみじみしてしまう。

貝焼は〝かいやき〟ではなく〝かやき〟と読む、青森県は津軽、下北の郷土料理だ。ホタテの貝殻を鍋代わりに焼き干しなどのだしを取り、貝やねぎなど具材を煮込み、味噌と溶き卵でかき混ぜるようなもの。それを掲げているということは、ズバリ、青森の郷土料理をたらふく味わえる酒場なのだ。

どことなく懐かしく、滋味深いお料理もさることながら、こちらは、お店という空間になんともいえない味がある。金魚ねぶたや津軽凧絵が〝青森らしさ〟を演出している――いや、そういうことじゃないんだよなー。こう、時間が積み重ねられ、訪れる人たちの気持ちが層になっているような。

一見の観光客でも気持ちよく過ごせるし、地元の常連さんにはもちろんのこと、数年ぶりに訪れたという人にも、分け隔てなく、やさしく迎えてくれるというか。やさしくといっても、干渉されることもなく、ほどよい〝放ったらかされ感〟で。それに、ひとり客でも気兼ねなく過ごせるのもポイント高し。

ただひとつの難点は、人気ゆえに満席率が高いってこと。旅で訪れるなら予約しておいてね。

ということで、お通しのバイ貝の煮つけをいただき、「田酒」の冷酒をキュッと飲む。チビリチビリというのがピタリとハマる。思わず「ただいま」って言葉が口をつく。

なにを食べても旨いから、迷うことなく「食べたい」と思ったものを注文できる。身欠きニシンに、タコ

今回オーダーしたお料理の一部をご紹介しまーす。右上から下へと順に、「タツ刺し」（タツはマダラの白子のこと）、ビールに合う「タコ唐揚げ」、だし浸しになった「いかげそ揚」、いくらものった「鰺の味噌たたき」。左上から下に、青森の酒場に欠かせない「身欠きニシン」、酒を呼ぶ「ナマコ酢」、さっぱり「なす焼」、味変も楽しめる「塩辛付のジャガバター」。ほかに、タラ玉も旨いし、納豆包み揚げもいい！

カウンター越しのワンショット。馬鹿騒ぎもいいけれど、こんなふうにしっとり、しみじみする夜があってもいいよね。

唐揚げ、絶対に食べておきたい、いかげそ揚げも。これ、揚げだしになっていて想像の斜め上をゆく酒肴なんだから。お料理はだいたい500円程度、高くても600円代と、良心的過ぎるお値段もうれしいよね。

人心地ついて、お隣のテーブルをチラ見すると、女性のグループで。僕が言うのもなんですが（笑）、心置きなく飲んでいらっしゃる。チラ見に気が付き（あちらも見ていらしたし）、挨拶を交わし乾杯を。ちょいちょいしゃべって、またグラスを重ねて「ではまたね」と元に戻る。こういう、ちょっとしたコミュニケーションって、旅の醍醐味だなぁ。

さてと。大将に手招きされてカウンター席に。超常連さんの間に座り、ここでもまずは乾杯。はじめましての挨拶から、六兵衛の魅力とはなんぞやを訊くと、

「大将の料理がおいしくて。気が付いたら20年も経っていた。あたしね、

変わらぬ笑顔で迎えてくれる大将。安くて旨くて情緒あり。居酒屋だからこその値段に会計でほっこり。

すごく食いしん坊なの。おいしいものをたくさん食べて楽しく飲みたいのよ」と言うのは、証券会社にお勤めの〝ともちゃん〟。

「いつもはハイボールなんだけど、今日は日本酒気分かな。いつもはパッと来てパッと帰るんだけど」

　なのに、じっくり語り、飲み合ってしまった。僕よりも大先輩の〝ともちゃん〟の相談……じゃないけれど、ご苦労のあったことなどに耳を傾け、互いにやさしい言葉をかけ合う。涙が一筋、頬を伝う。でも、すぐに笑顔が戻る。辛くて悲しいことも、「六兵衛」に来れば大丈夫だからね。

shop info

六兵衛

青森市古川1-17-2
017-776-5639
17:00〜23:00
休 日曜

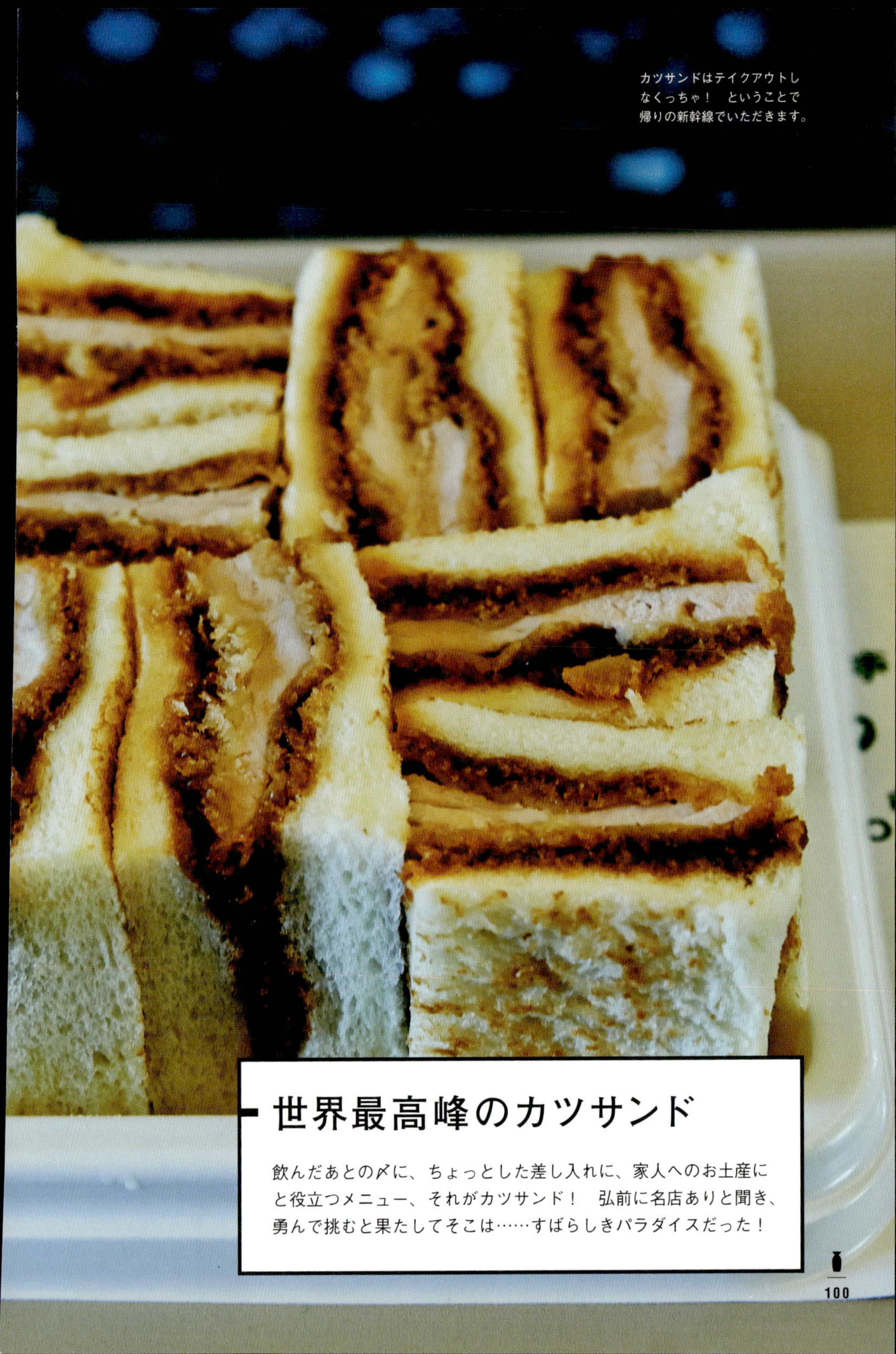

カツサンドはテイクアウトしなくっちゃ！　ということで帰りの新幹線でいただきます。

世界最高峰のカツサンド

飲んだあとの〆に、ちょっとした差し入れに、家人へのお土産にと役立つメニュー、それがカツサンド！　弘前に名店ありと聞き、勇んで挑むと果たしてそこは……すばらしきパラダイスだった！

〝世界最高峰のカツサンド〟ができるまで。カツサンド専用の銅板で食パンの片面（外側）を焼く。→パンの両面にマスタードを薄く、自家製ソースをほどよく塗り、カツを置く（カツにもソースをたっぷり）。→挟んでギュッと軽く押さえて、耳をカット（耳はオマケでもらえます）して完成だ。

「弘前の夜に欠かせない」と、いろんな人から聞いていた。この本の撮影をしている写真家の寺澤さんも「絶対に食べたほうがいいって！」と何度も何度も言っていた。だから早く行きたいと願い、食べなくちゃと思い続け、ようやく叶ったのは、そこそこ酔って辿り着いた3軒目のこと。どこに着いたかって？「とんかつ しげ作」さんです。

　しげ作ファンの推薦者たちが一様に「カツサンドを食べて！」と言うから、この夜も「カツサンド、オンリーで。これで〆て宿に帰ろうね」と思っていた。うん、だって3軒目だもの……。なのに一転。腰を据えて味わってしまったのだった。

　マスターの鳴海茂さんご夫妻の人柄も大きかった。

「ハイボールとカツサンドを」と口火を切るや、ママが、「うちはとんかつ屋なんだから、とんかつ食べてもらわないとぉ」とニッコリ、いや

手元を拝見しながら揚げ物談議を。1980年(昭和55年)にオープンし、ママと二人三脚で続けている。教わることがいっぱいだ。

ニヤリ。素直に従い、ロースカツ、ヒレカツ、とんかつ、カツサンドをオーダーした。そんなにお腹は空いていないはずなのに、完食。あまりにもおいしくって、酔っていた頭がシャキッとした。

「うちはラードで、鍋が冷たいうちから揚げています。ラードは一回ごとに処分していてね」とはマスター。

なるほど。時間をかけて低温で火を通すから肉質はやわらかい。きれいなラードのため、ほどよい甘みがあって香ばしいんだなぁ。肉質、衣、揚げ油に揚げ具合、キャベツと細部に至るまで職人技に抜かりがない。

そして待望のカツサンドは、おそらく自分史上、いちばんおいしい!「日本一おいしい」と掲げてあったけれど、これは「世界一でしょ!」ということで、そんな色紙を残しております。お邪魔する方、その色紙を探してみてね。

厨房もラードも美しい。国産豚を使い、注文が入るごとに一枚一枚切り分けている。まずは、なにもつけずどうぞ。

かくれ名物
中華料理

東京の某有名中国料理店で修業をした、マスターによる「麻婆豆腐」。スルスル入る魔性の味！

shop info

とんかつ しげ作

弘前市桶屋町65
☎ 0172-32-8955
11:30〜14:00、18:00〜24:00 休 月曜

陸奥湊駅前朝市

JR陸奥湊駅前に広がる朝市は、八戸市民の台所「八戸市営魚菜小売市場」をメインに、みなと市場、中央魚市、弁慶フードセンターなどが軒を連ねる。朝5時～10時までは市場内で購入したお刺身や焼き魚、お惣菜を食べるスペースあり。

八戸線と並行して走る道路＝うみねこライン沿いにも専門店が。「みなと食堂」での朝食後、立ち寄りました。母・はるみさんへの干物をお土産に。

食材を求めて

本書の最終的なミッションは「酸ヶ湯で湯治しながら青森食材を調理する」にあり！ ゆえに積極的に市場やスーパーに立ち寄っては、美味やら珍味やら旬やらを探る心平さん。そんな心平さんの買い物シーンを観察すると「食材探しの秘訣はなによりも好奇心を持つこと」に尽きます。食材を見て触れて香って、試食をして吟味する。さらには地元のプロフェッショナルとのディスカッションも。足を運ぶ〝たび〟に、心平さんのおいしいリストが増えていきます。

道の駅しちのへ

生＆乾燥にんにく、黒にんにくに長芋といった七戸町の特産品に、南部裂織など伝統工芸品も揃う。心平さんのニット帽（伝統工芸じゃなく地元のお母さんが編んだと推測される可愛いもの）も購入。七戸十和田駅から徒歩５分！

shop info

上北郡七戸町字荒熊内67-94 ☎ 0176-62-5777 9:00〜18:00（産直七彩館）休 3/31

自宅に送ります

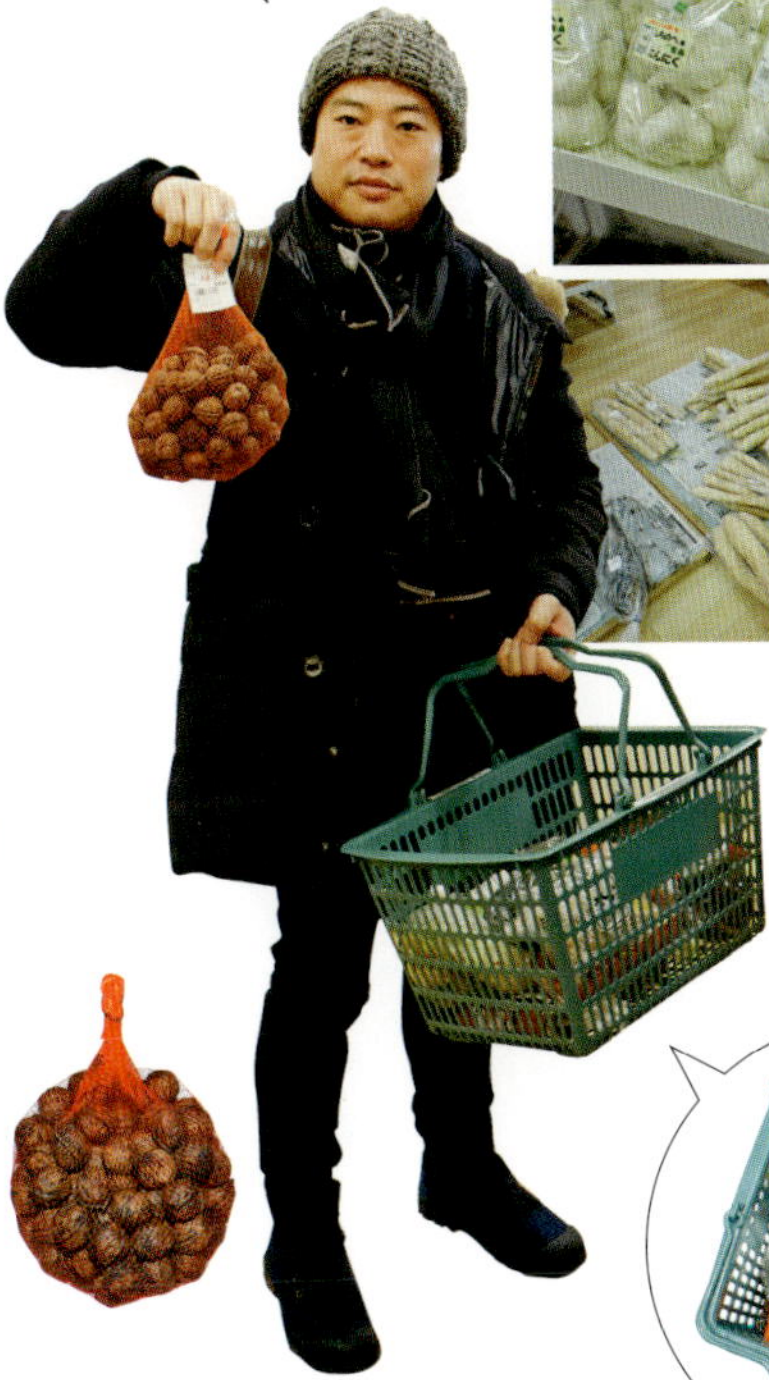

旅先では必ず「トマトジュース」もチェックするという心平さん。買い物かごの中は全部お買い上げに。結局、くるみは買ったんでしたっけ？

訪れたのは２月。アンコウやクロソイが豊富。いけすを眺めているだけで、あっという間に時間が過ぎた。郷土の味・ぬかサバもあった。

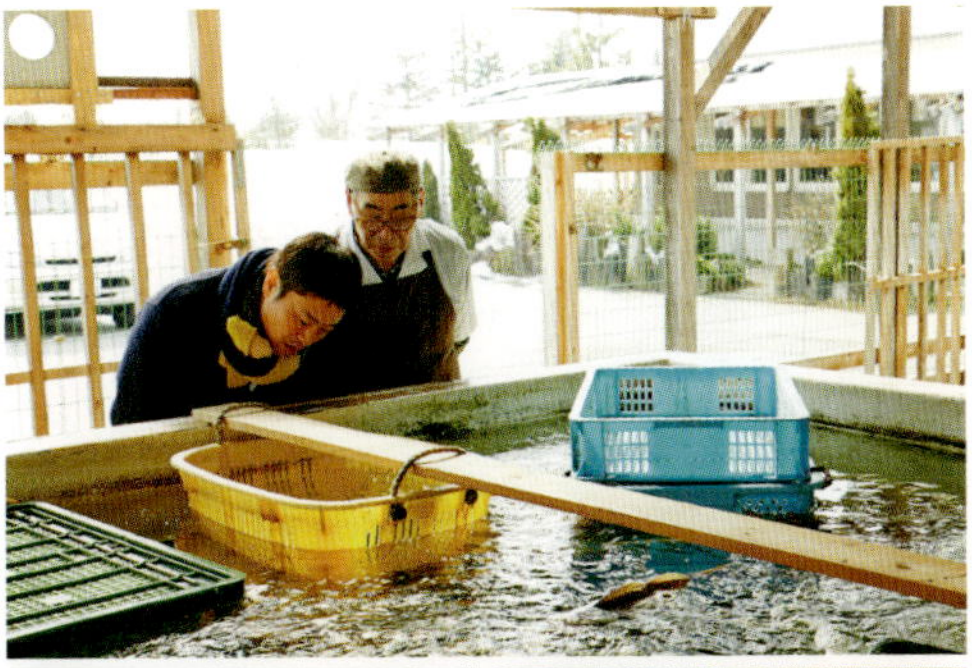

村の駅 よもっと

蓬田村の特産トマトを中心に農産物や加工品を販売する、道の駅ならぬ〝村の駅〟。なかでも右隣の「がんばる漁師」の大きないけすは必見。目の前の陸奥湾で揚がった魚介がピチピチと。もちろん購入できる！

shop info

東津軽郡蓬田村阿弥陀川字汐干106
☎ 0174-31-3115 8:00〜18:00 休 なし

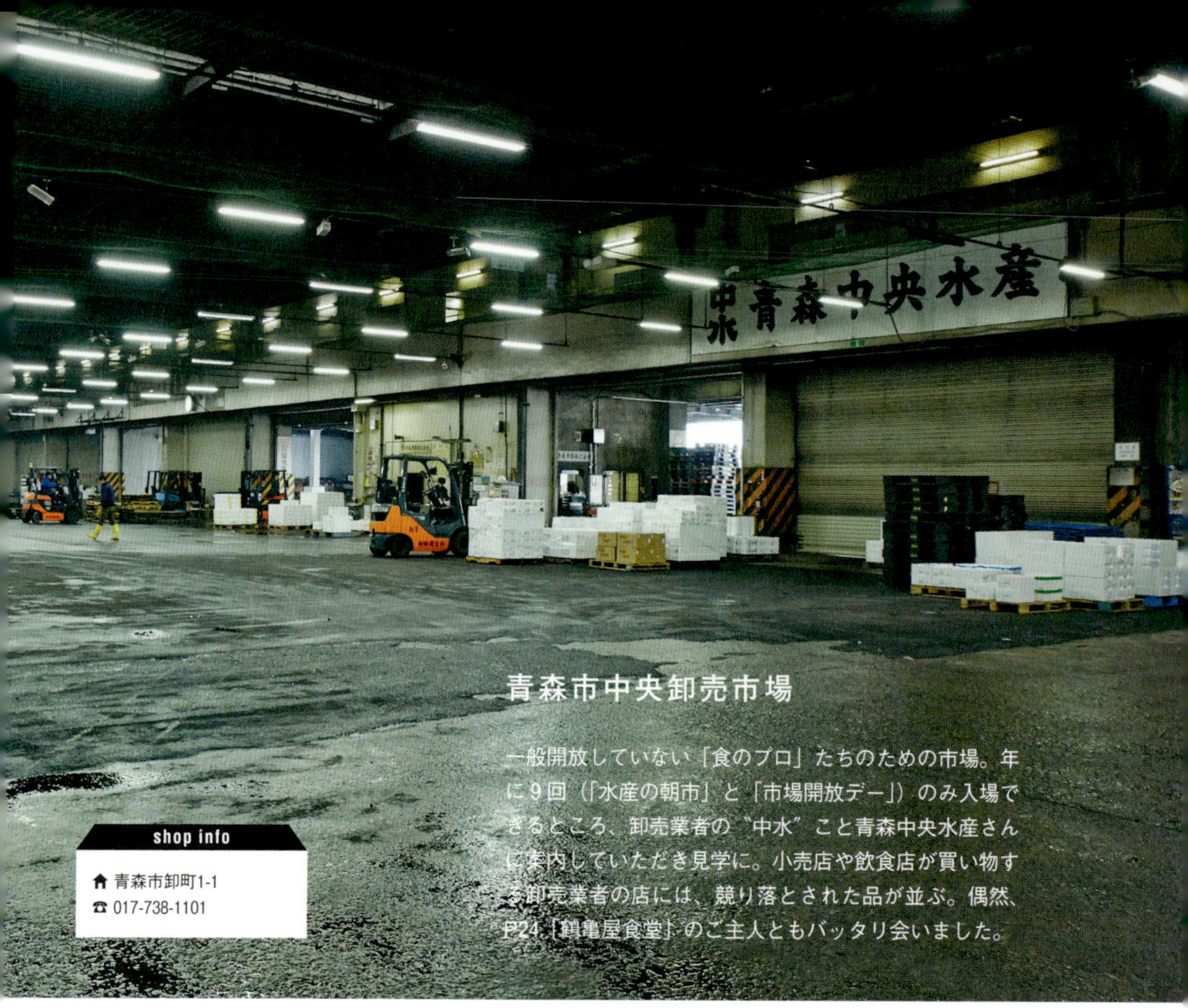

青森市中央卸売市場

一般開放していない「食のプロ」たちのための市場。年に9回（「水産の朝市」と「市場開放デー」）のみ入場できるところ、卸売業者の“中水”こと青森中央水産さんに案内していただき見学に。小売店や飲食店が買い物する卸売業者の店には、競り落とされた品が並ぶ。偶然、P24「鶴亀屋食堂」のご主人ともバッタリ会いました。

shop info

青森市卸町1-1
017-738-1101

中水さんの冷凍庫も見学。マイナス20℃、外に出ると一気にメガネが曇る。

セリが終わり、出荷先が決まったヒラメやタコなどの処理も見せていただく。

ターレットが走り回る東京の市場と異なりおだやか。ヒラメとカレイの見分け方を教わる。なぜかクリオネも売っていた。

フルーツの町ならでは＆季節柄か、りんごの木箱が圧巻でした。この木箱がまたいいんだよねぇ。長芋、にんにくも名産です。

南部町営地方卸売市場

日本で唯一の町営青果市場。町営とは、卸売業者＝町というレアな存在だ。だからか、こぢんまりとしてアットホーム。一般客の受け入れ態勢もあり、入場＆買い物可、セリの見学もできてフレンドリー。県南の流通拠点だが、品物のよさもあって、県外からの買い出し客も多い。元は1925年（大正14年）に設立された三戸青果市場だった。

shop info

🏠 三戸群南部町大字大向字中居構1-11
☎ 0179-22-0011　休 要確認

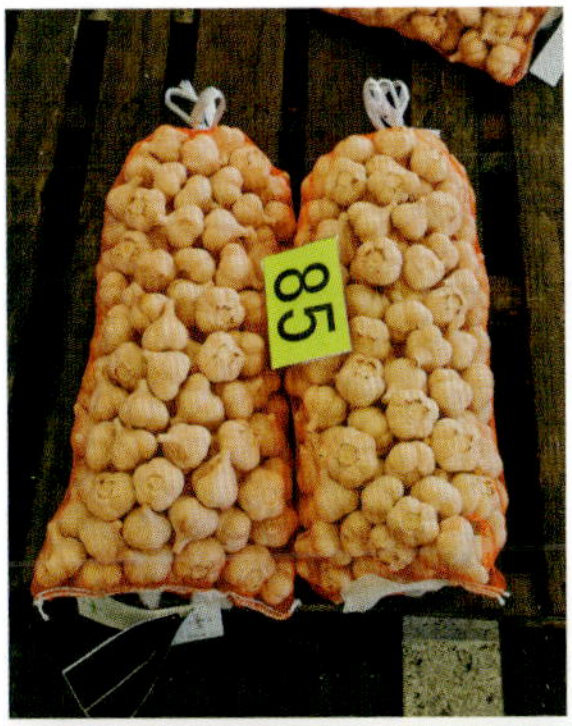

にんにく、ごぼう、食用菊とさすが青果専門の品揃え。南部町は食用菊の王様と呼ばれる「阿房宮」の名産地でもある。阿房宮はかつて南部藩主が京都九条家から譲り受けて栽培したことに端を発する。味噌汁、酢の物にどうぞ。

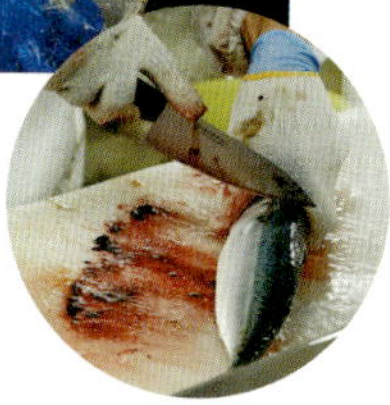

ベテランスタッフが目の前でどんどんサバを下ろす姿に、心平さんも釘付け。

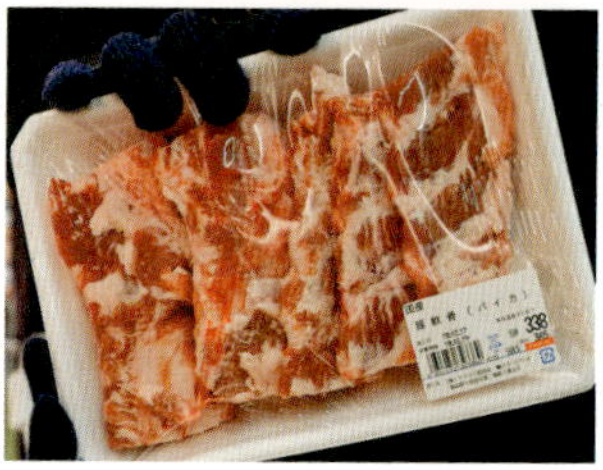

精肉コーナーにはお得なパック詰めが。「ぼんじり好き」にはたまらない若鶏テール肉も！

shop info

- 十和田市東二番町8-5
- ☎ 0176-25-8118
- 10:00～20:00（日曜は9:00～） 休 なし

ヤマヨ 十和田店

青森LOVERにはお馴染みのスーパーマーケット。「よい品をどんどん安く売る」の言葉通り、興奮度が高まるお買い得品ばかりだ。軍艦マーチが勇ましく流れるなか、①独特の美学で構築されたディスプレイ。②次から次へと畳み掛けるPOPの洪水。——の２点に注目して。商品を届けたい、売りたいという熱意に感激する、絶対に！

POP
コレクション

いかに購買意欲を刺激するかが「POP」の肝ですが、ヤマヨのPOPはじつに哲学的(笑)。読み込み、深く考えさせられ納得し、つい買い物かごに放り込んでしまいます。

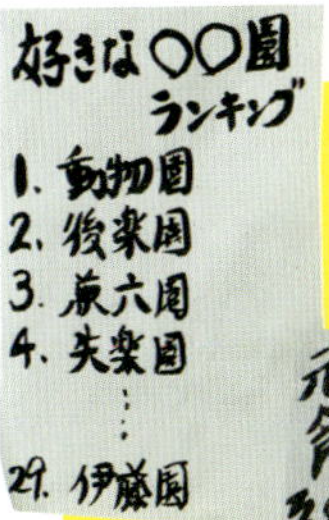
好きな〇〇園
ランキング
1. 動物園
2. 後楽園
3. 蔵六園
4. 失楽園
29. 伊藤園

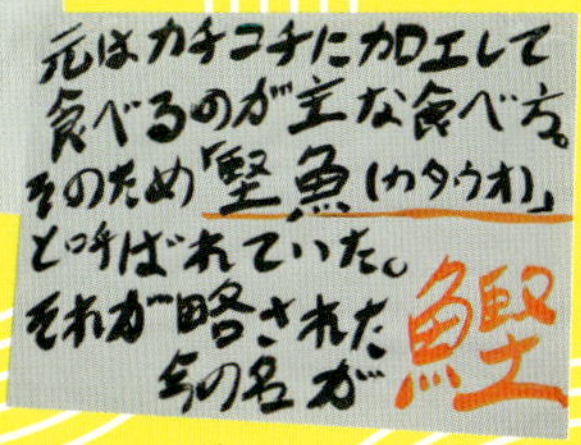
元はカチコチに加工して
食べるのが主な食べ方。
そのため「堅魚(カタウオ)」
と呼ばれていた。
それが略された
今の名が 鰹

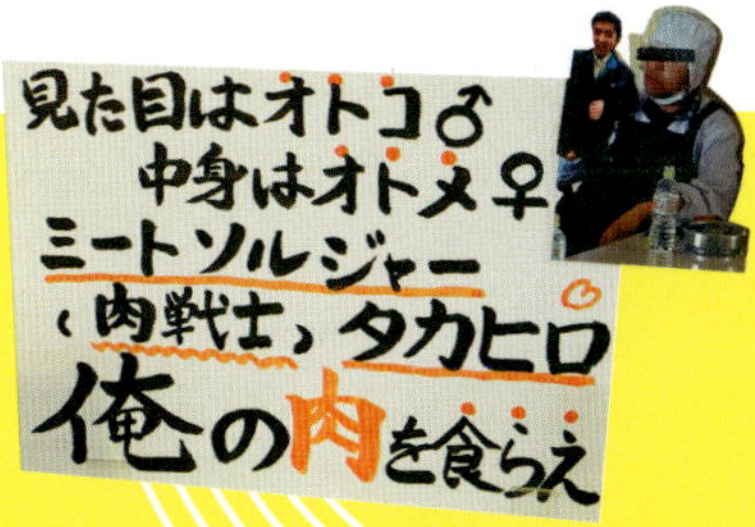
見た目はオトコ♂
中身はオトメ♀
ミートソルジャー
(肉戦士)タカヒロ
俺の肉を食らえ

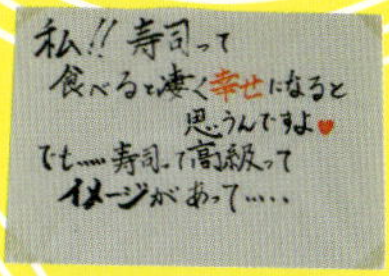
私!! 寿司って
食べると凄く幸せになると
思うんですよ♥
でも…寿司って高級って
イメージがあって…

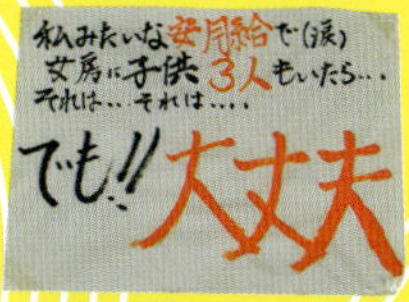
私みたいな安月給で(涙)
女房に子供3人もいたら…
それは…それは…
でも!! 大丈夫

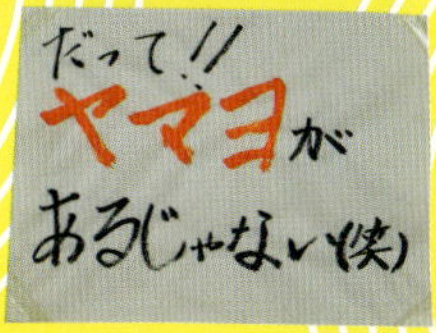
だって!!
ヤマヨが
あるじゃない(笑)

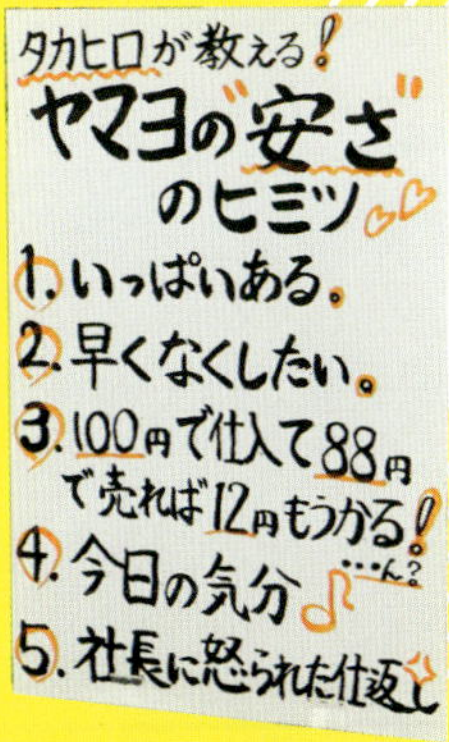
タカヒロが教える!
ヤマヨの"安さ"
のヒミツ
1. いっぱいある。
2. 早くなくしたい。
3. 100円で仕入て88円で売れば12円もうかる!
4. 今日の気分♪ …ん?
5. 社長に怒られた仕返し

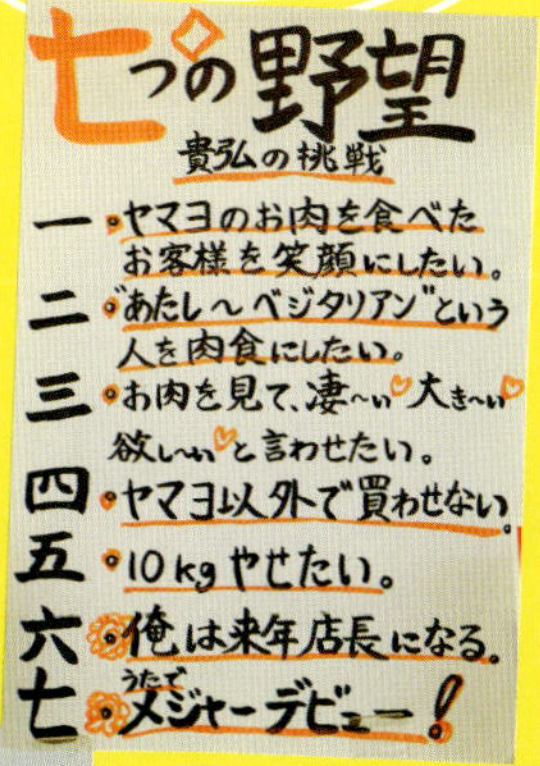
七つの野望
貴弘の挑戦
一・ヤマヨのお肉を食べたお客様を笑顔にしたい。
二・"あたし〜ベジタリアン"という人を肉食にしたい。
三・お肉を見て、凄〜い大き〜い欲し〜いと言わせたい。
四・ヤマヨ以外で買わせない。
五・10kgやせたい。
六・俺は来年店長になる。
七・メジャー《うたて》デビュー!

三人目に一つだけ持っていくなら迷わずコレ。
マルシメ21
スーパースーパーツナ
1,280円
500g
(税込1,383円)

ほら!!
あの美味しい奴だけ
集めたんだよ!!

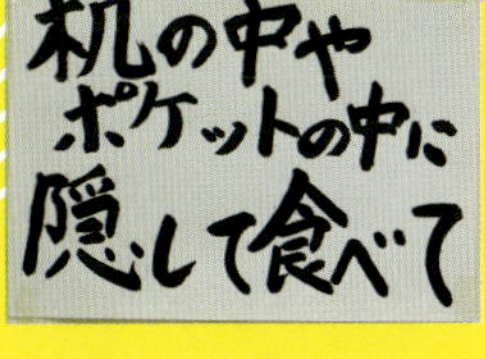
机の中や
ポケットの中に
隠して食べて

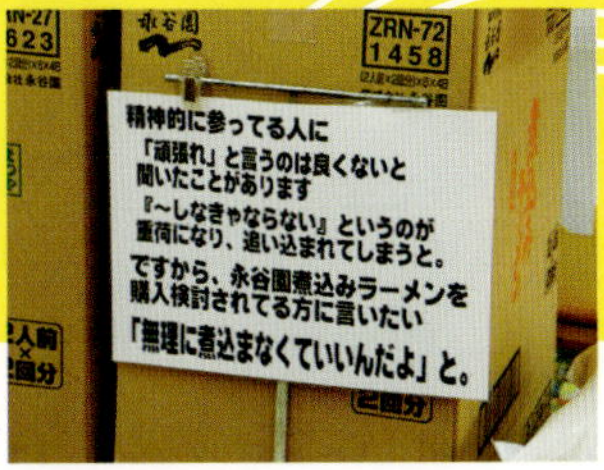
ZRN-72
1458
精神的に参ってる人に
「頑張れ」と言うのは良くないと
聞いたことがあります
『〜しなきゃならない』というのが
重荷になり、追い込まれてしまうと。
ですから、永谷園煮込みラーメンを
購入検討されてる方に言いたい
「無理に煮込まなくていいんだよ」と。

母と土紋へ

栗原はるみさん・心平さん親子が惚れ込んでいる酒場が弘前にある。なにを食べてもおいしく、人柄もよくって、ついつい本音も。そんな「居酒屋 土紋」での親子ふたり酒を実録！

税抜き価格で表示しております。
冷奴
トマトサラダ
大根サラダ
ごはん
オムライス

土紋は、はじめての人も常連さんもすぐに打ち解け合う不思議な空間だ。おいしいものとおいしい笑顔があるからこそ、何度も通いたくなるのだろう。はるみさんの隣が〝土紋飲み友〟の英利子さん。右：特製の豆乳を。こんな心遣いもうれしい。

「二代目土紋をまかせてほしい（笑）」

――心平

「大、大、大好き！」と「居酒屋土紋」への熱烈ラブコールをインスタグラムに綴る心平さん。はるみさんは大将夫妻とプライベートな付き合いがあるという。この春も親子水入らずで訪問し、「やっぱり外せない」と本書に掲載することに。土紋の名物をいただき、グラスを傾けながらの親子対談、スタートです。

心平　ようこそ青森へ（笑）。お先に弘前を堪能してましたよ。さっそく乾杯しますか。僕はレモンサワー。レモンの果汁だけを絞り入れ、果実は入れずに。どうします？

はるみ　最初は梅干し割りを。あとで日本酒をいただきたいので。

心平　お料理、決めちゃいますよ。たらたま、いかわたの醤油漬け、ニシンの切り込み、身欠きニシン。あと、いがめんちを。では、みなさん「かんぱ〜い！」

はるみ　今日は一日取材だったんでしょ？　どこを取材していたの？

心平　朝9時から「けんちゃんホルモン」さんでお肉。そのあと「kimori」さんでシードル、名曲喫茶「ひまわり」さんでナポリタン。そして空港に迎えに行ったんですよ。

はるみ　あら。朝からけっこう飲んじゃったのね？

心平　まあ、取材ですから（笑）。

土紋の大将＝工藤清隆さん（以下大将）ほらほら。「いがめんち」は温かいうちにどうぞ！

いがめんちとは津軽地方のソウルフードで、みじん切りにしたイカと野菜を混ぜ合わせて揚げたもの。弘前の飲食店ならば、必ずと言っていいほどある定番メニュー。数多のいがめんち歴を誇る!?ふたりが太鼓判を押すのが「土紋のいがめんち」なのだ。

心平　あ〜、旨い！　レモンサワー、

左：出番を待ち構える〝土紋〟と刻まれたお箸たち。店内のそこかしこに、なんともいえない味わいが。右：大将の工藤清隆さんは病院の食堂に勤めていらした。料理好き、日本酒好きが高じて、妻・賀津子さんとともに切り盛りして30年経った。

「東京にあれば毎日行きたくなっちゃう」

——はるみ

おかわりお願いします。おとうさん、いがめんちはゲソだけ？　身も入れてますよね？

大将　入れてる。入れないと、ねっとりしないから。あとちょっとだけ片栗粉も入ってます。

心平　いがめんちで使った〝いか〟の肝が、この「いかわたの醤油漬け」になるんですか？

大将　そうそう。だって、もったいないなぁと思って。

はるみ　そうよ。もったいないもの！　おいしくていいよね！　東京にあったら、毎日でも行きたくなるよね。

心平　だから……「二代目土紋」をやらせてもらいたいなと、僕に。東京でできたら理想的だけれども、弘前だからいいんだよね。おとうさんとママ（土紋のママ＝工藤賀津子さん。以下ママ）のお人柄があって、おいしい料理と酒があって。「二代目土紋」をやるために、僕は下働きしながら、お客さんに怒られるというか、育ててもらってね。

大将　あはは！　な〜に言ってるの。うち、レシピはないし、適当につくっているんだから。

はるみ　だからおいしいのよ。

大将　いや、とんでもない。それに俺、あと10年は頑張ろうと思うし。

心平　じゃ、5年後に下働きに来ますから（笑）、なんとか伝授してください。最近、人生のあれこれ、幸せってなんだろうというのを考えていて。料理をしている限り、自分が満足できるものを提供できること。これが、僕にとっての幸せなんだなぁ、って。

大将　俺、自分が出しているものに満足してないよ（笑）。30年前、店をはじめた奥さんを手伝うようにしてサラリーマンを辞めたの。

ママ　ふたりともお酒と食べることが大好きだったからね。ね、はるみさん、うちの自家製豆乳、飲む？

はるみ　いただきます。豆乳大好きなの。おいしい。お豆腐食べているみたいに濃い。これを飲むと元気になるのよ。

ママ　よかった。一日に10丁しかつくらないお豆腐を4丁譲ってもらって、うちで使っているの。

はるみ　ねぇ、おとうさんもママもなんだか似ているよね。

心平　うん、ふたりとも肌がきれい。ツヤツヤしてる。

大将　これ、調理しているときの油だから（笑）。はい、「なすのしそ巻き」、お待たせ。

はるみ　これもすばらしいね。私は、日本酒いただこうかな。熱々のをお願いします。

土紋は、地元・弘前の蔵元「三浦酒造」だけを扱い、代表銘酒の「豊杯」は日本一のラインナップ。生酒が常時10種ほど揃い、なにをどういただくかは、日本酒好きの大将におまかせして。

はるみ　しそ巻きは赤紫蘇を使っているのね？

大将　そう。青いのは強くてダメ。

ママ　赤紫蘇は津軽の郷土料理の特徴なの。なすを巻かなくても、炒めただけでも最後に赤紫蘇を入れる。

はるみ　青いのと香りが違うものね。せん切りすれば薬味にもなるんだ。こうやって料理のことを、たくさん教えてくれるのもうれしい。

心平　ですから、僕が「二代目土紋」を継ぎたい。何を食べてもおいしくて。いつお邪魔しても居心地がいい。

はるみ　お客さんたちとも距離が縮まって。すぐに友だちになれるのもいいよね。それで、4月に伺ったときに友だちになった、英利子さんに来てもらいました（笑）。

英利子　一緒に飲んでまーす。土紋ではいろいろ食べたいので、お客さん同士が仲良くなってシェアするの

「ここに来ると友だちがどんどんできるの」

——はるみ

左：津軽の郷土料理「なすのしそ巻き」。味噌と赤紫蘇が絶妙なコンビネーションで、いくらでも食べられるほど……あとを引く味。右：いかの肝を醤油漬けに。同じメニューはよそにもあるが、「一番おいしいのは土紋」と、みな口を揃える。

がいいんですよ。

心平　そうだよねー。だから今もどんどん頼めている。さっきも唐揚げ頼んじゃった。ねぇ、おとうさん！　唐揚げ、どうしてこんなにカリカリにできるの？　片栗粉だけ？

大将　下味して片栗粉付けただけ。漬けだれをきって片栗粉をポンポンしただけよ。

はるみ　カリッとおいしいね。しょうがとにんにくはちょっと強めで。漬け込み時間が長いのかな？　ぷりっとしている。

大将　夕べ、漬けたからね。竜田揚げみたいにしている。

心平　じつは……今日、狙っているのがあって。

はるみ　なに？

心平　オムレツ。オムライスじゃなくてオムレツを。

英利子　あー、その気持ちわかる！

心平　でしょ？　オムライスを食べちゃうと「筋子のおにぎり」で〆られない。でもオムライスも捨て難い。その折衷案としてのオムレツ（笑）。あっ、レモンサワーのおかわりを！

はるみ　私はちょっと体が温まってきたからハイボール、お願いしようかな。

英利子　はるみさんも心平ちゃんもお酒強いけれど、ご家族みなさん、お強いの？

はるみ　うちは、全員飲めるのよ。全員飲めるということは、孫たちもきっと飲めるようになると思う（笑）。

英利子　わ～、頼もしい、将来が楽しみだね。

心平　そろそろ……「筋子のおにぎり」いっちゃおうかな？

一同　え～っ！　まだ早い～。

心平　あ……すみません。失礼しました。じゃ、「スモーク・あらびき・ベーコン盛合わせ」、あとレモンサワーで！

――こうして土紋の夜は更けゆくのでした――

「なにを食べてもおいしい。どう過ごしても楽しい！」

――心平

左：弘前市代官町にある「土紋」。おそらく弘前で一番、いや青森で一番、知名度の高い酒場だ。右：大将とママ、はるみさん、心平さんで乾杯。ご夫妻の気さくな人柄も魅力のひとつ。ずーっと長居していたい、そんな心地いいお店。

「レシピは適当」な
絶品料理たち

「なにを食べてもおいしい！」と心平さんが連呼するほど、土紋のお料理はどれもが旨い。「どうだ、まいったか！」とアピールするのではなく、「毎日食べたいなぁ」と思わせてくれる味なのだ。控えめでいて、でもなくてはならない……そんな料理の決め手は「適当につくっている」ということ。適当＝いい塩梅。そうか。だから、いつもおいしいんだなぁ。

shop info

居酒屋 土紋

- 弘前市大字代官町99
- ☎ 0172-36-3059
- 17:30〜22:30（22:00LO）
- 休 日曜・祝日

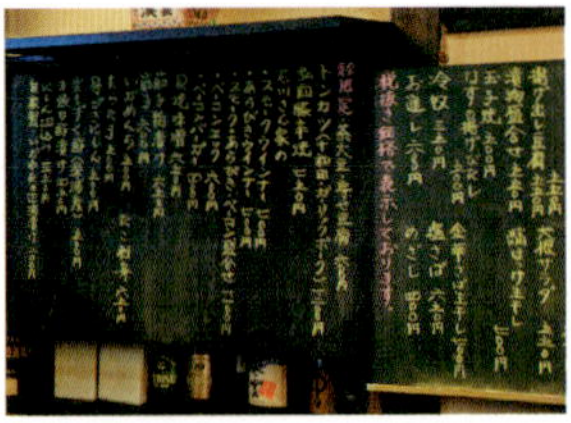

土紋での必食メニューといえば「いがめんち」。

干しダラをむしり、生卵で和えた「たらたま」。

オムライスのライス抜き＝「オムレツ」を特別注文。

超ぎっしり！　〆の一番人気「筋子のおにぎり」を。

「ニシンの切り込み」は米麹と塩で漬け込んだもの。

心平さん、初オーダーの「唐揚げ」。リピート必至！

シャッキ＆ふわっ＆ほろり……な「なすのしそ巻き」。

酒肴にも白飯のお供にもいい「いかわたの醤油漬け」。

いつまでもしゃぶっていたくなる「身欠きニシン」。

翌朝は

虹のマートに立ち寄る

はるみさんも心平さんも、弘前に来たら必ず立ち寄る「虹のマート」。正式には弘前食料品市場といって、1956年（昭和31年）の開設以来、長年地元の人たちに愛され続けてきました。鮮魚に青果、精肉にお惣菜、乾物、日用雑貨とひしめき合い、ほとんどが個人商店でアットホームな雰囲気。なかでも、鮮魚を扱う「鮮魚おのき」は、弘前という内陸にありながら、目利きの親娘が仕入れた近海の魚介が揃います。〝家庭のお土産〟とは思えないほどの種類&量をお買い上げ。

また、イートインスペースがあるので、いがめんちや津軽そばなど小腹を満たすのにも最適です。

「おのき」の看板娘まり子さんを囲んで魚料理談議。「こんなふうにつくったら？」とはるみさんがアドバイスすると、すぐに試す、まり子さんの行動力も魅力！

マゾイやウマズラハギ、トゲクリガニ、ホヤなど近海を中心に、全国の海の幸がズラリ揃う。
「鮮魚おのき」☎0172-34-2827

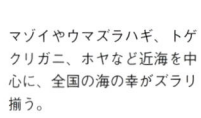

ズラリ並ぶ魚介類をあれこれ吟味。はるみさんも興奮して前のめりに！　とってもチャーミングです。

心平さんの魚介好きは母譲り！「こうしたらおいしそう！」「ああすれば旨いハズ！」が延々と繰り広げられ……。

shop info

虹のマート

- 弘前市大字駅前町12-1
- ☎ 0172-32-6411
- 8:00〜18:00
- 休 日曜

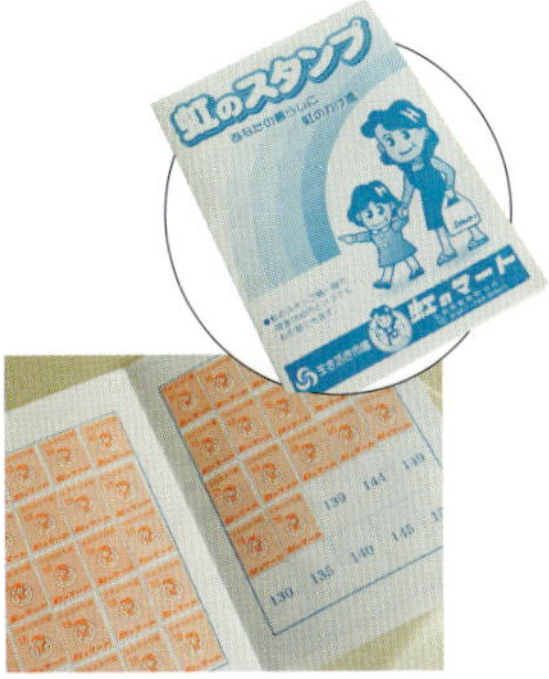

買い物額200円ごとに１枚のシールがもらえ、スタンプ帳１冊分で500円の金券と交換可。心平さん、ゴールまであとシール８枚！

温泉に行こう！すごろく

Start!

ワープ

わ〜 鶴に捕まった！

コーヒー飲んで
リフレッシュ　**4マス進む**

流木を
拾う
**3マス
戻る**

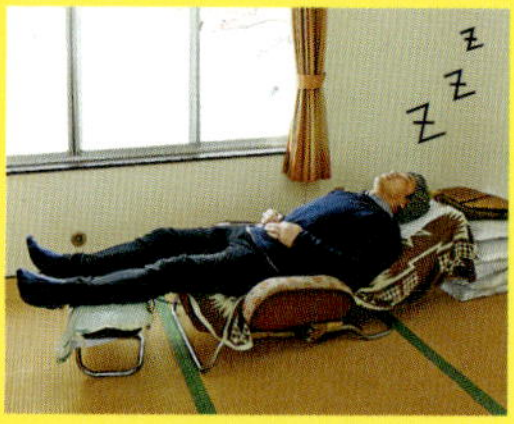

マッサージチェアが
気持ちよくて
寝落ちする　**1回休み**

ハンモックに
揺られ
うたた寝する
1回休み

哀愁に
浸って
**3マス
進む**

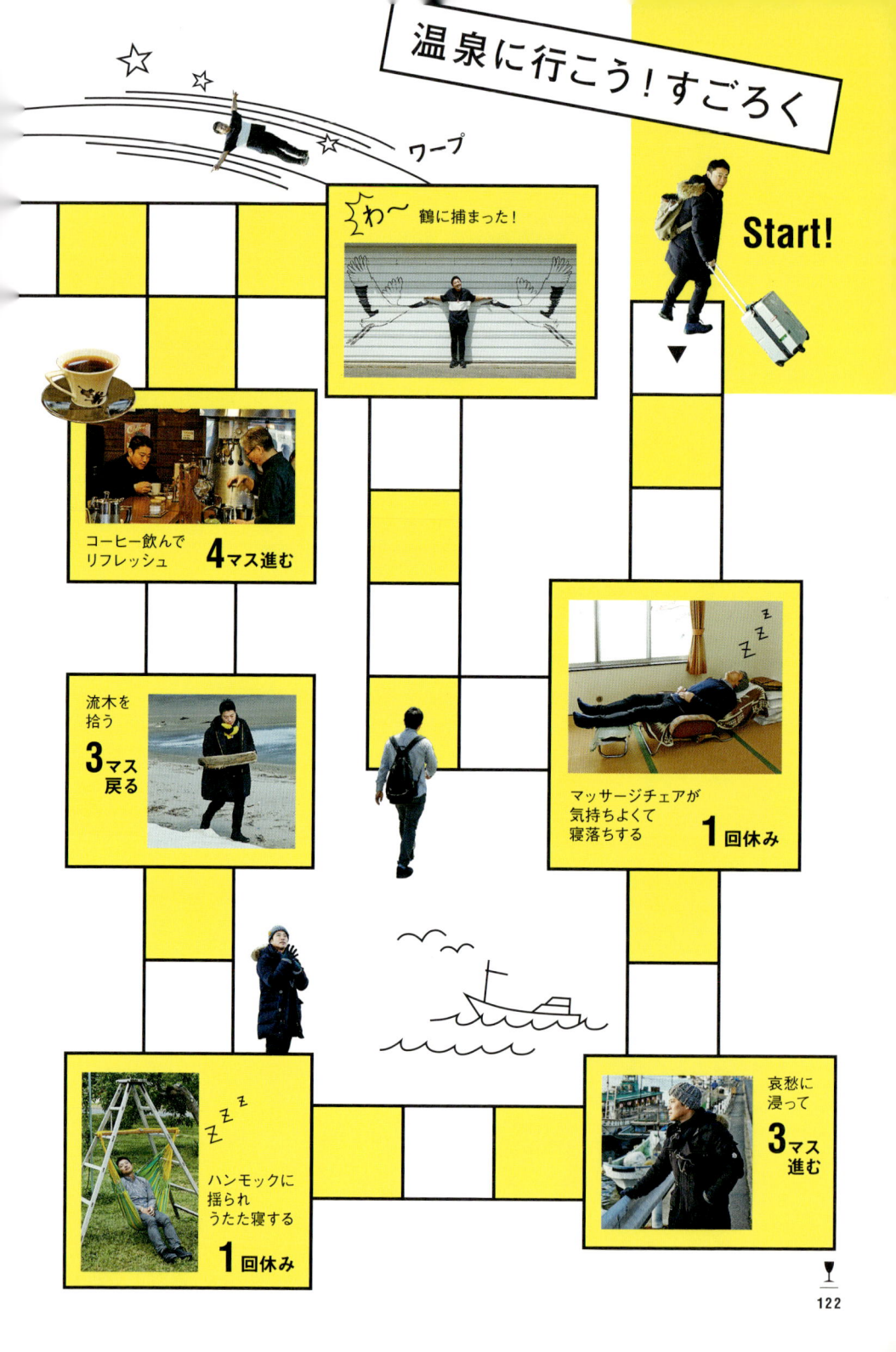

佐藤企を
飲みすぎた！
2回休み

ブランコの力を借りて
12マス進む

おいしそうな魚発見！
3マス進む

日本一長い木造の橋を渡る
スタートに戻る

世界最高峰の
カツサンドを
堪能する
5回休み

Goal! **酸ヶ湯温泉到着！**

酸ヶ湯温泉湯治部で
青森食材を調理する

酸ヶ湯温泉湯治部で青森食材を調理する

＊レシピの決まりごと
小さじ１は５mℓ、大さじ１は15mℓです。
１カップは200mℓです。

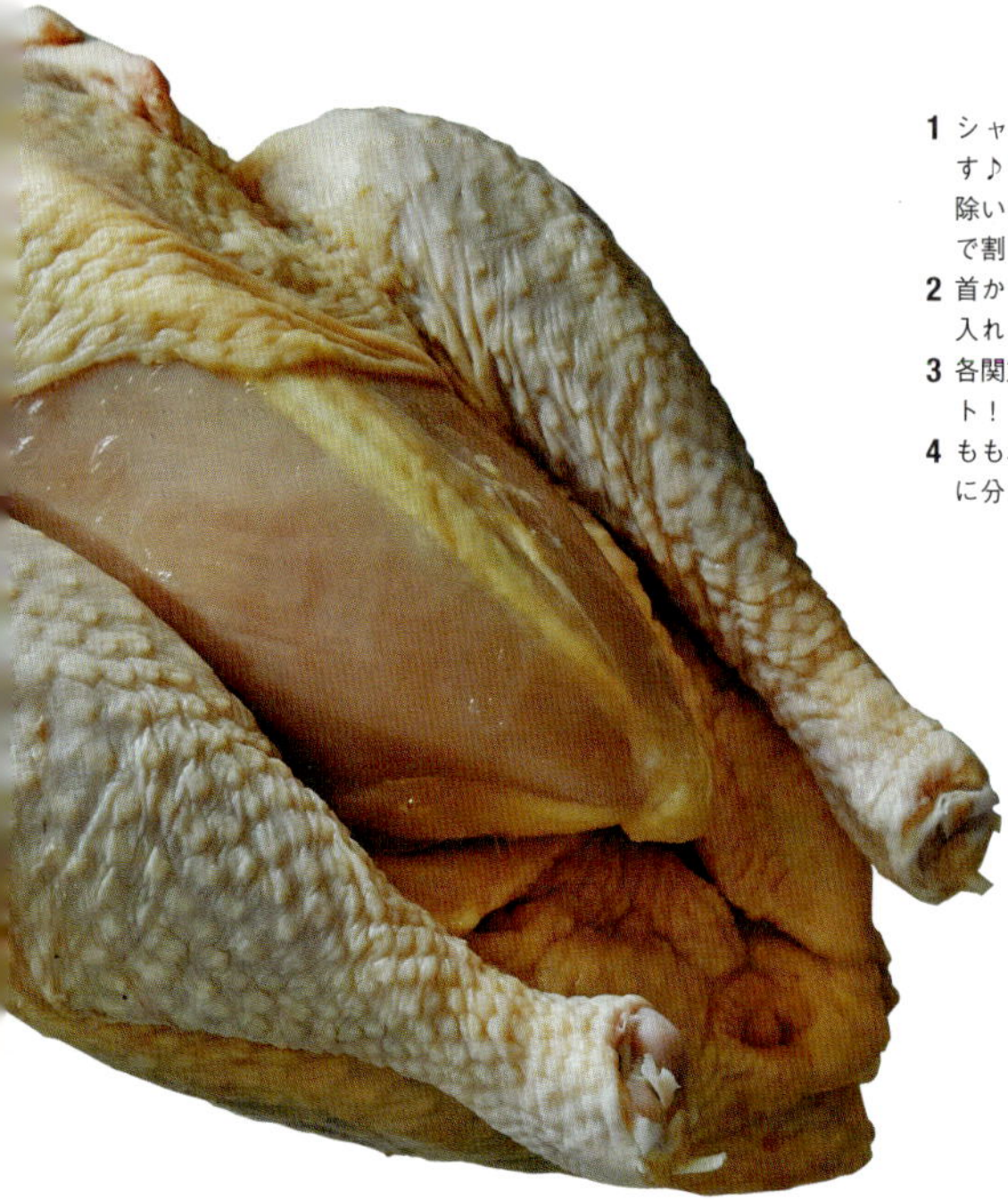

1 シャモロックをさばきます♪　中抜き（内臓を取り除いたもの）されているので割とスムーズ。
2 首からお尻にかけて包丁を入れる。
3 各関節に包丁を入れてカット！
4 もも、むね、ささみ、がらに分かれました！

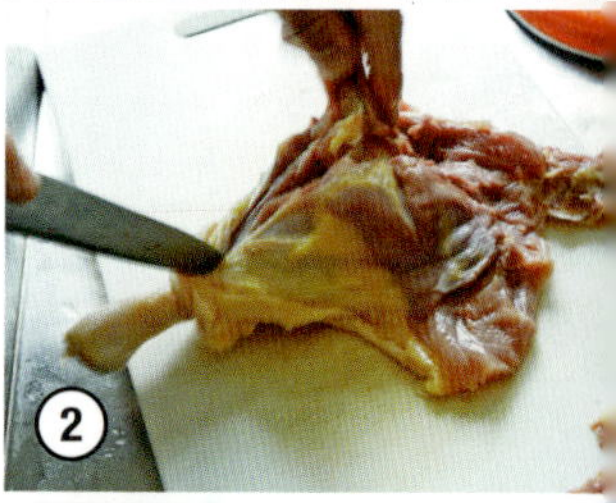

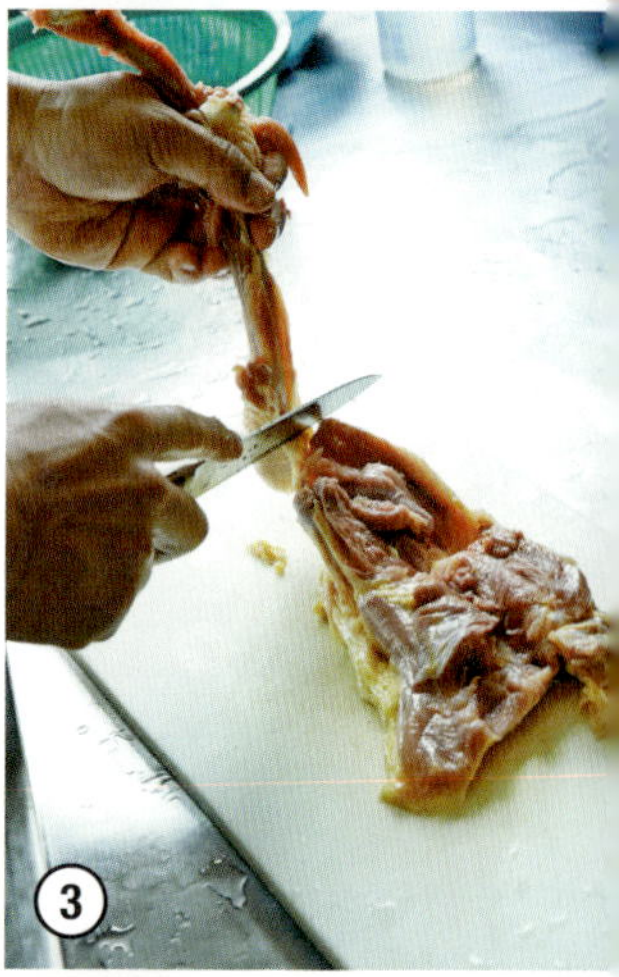

［村越さんのシャモロック］

生産者が「創意工夫ある」と胸を張る育て方

そもそも……「青森シャモロック」とはなんぞや？　からはじめましょう。卵やお肉、私たちがいただく鶏の種類は大きく分けて、赤色コーニッシュ、白色コーニッシュ、横斑プリマスロック、白色プリマスロック、ロードアイランドレッド、名古屋、シャモ（軍鶏）の7つ。

「青森シャモロック」は、母親＝横斑プリマスロックを改良した速羽性横斑プリマスロックと、父親＝シャモを改良した横斑シャモによって開発された鶏のこと。青森県畜産試験場がおよそ20年もかけて開発し、１９９０年に誕生した地鶏なのです。

肉の旨みをシャモから、肉質のやわらかさを横斑プリマスロックから受け継いだ「青森シャモロック」は、ほかの地鶏と比較すると、おいしさのもと

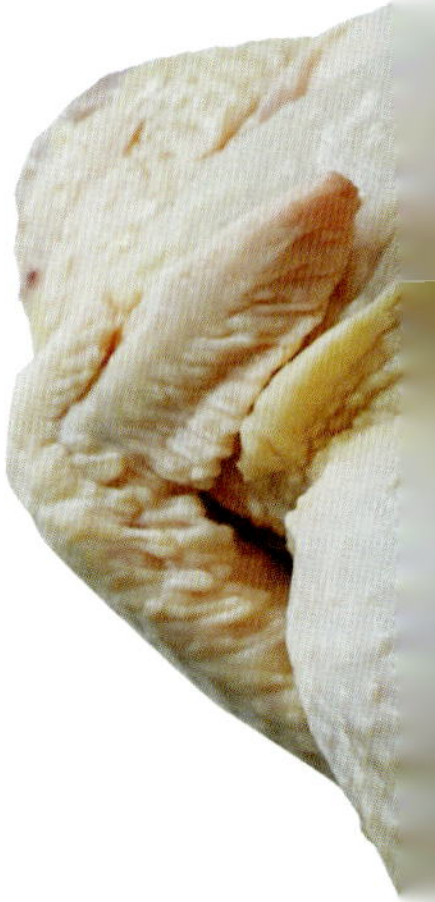

鶏スープ

■ 材料：作りやすい分量

鶏がら……………………… 1羽分
しょうが…………………… 1片
長ねぎ（青い部分）………… 1本分
酒…………………………… 大さじ3
水…………………………… 適量

■ 作り方

1 鶏がらは血合いを洗う。しょうがはたたいてつぶす。
2 大きめの鍋に**1**、長ねぎ、酒を入れ、水をひたひたまで注ぐ。ふたをして中火にかける。
3 沸騰したらアクを取り、ふたをして弱めの中火で2～3時間煮る。好みの濃さになったら、ざるでこして使用する。

となるグルタミン酸とイノシン酸を多く含んでもいる。いろいろな地鶏をいただいているけれど……う～ん、やっぱり、群を抜いておいしいなぁ。

　こんなにいい鶏だと、誰もが「育てたい！」と思うだろうが、県内で生産を許されているのは、わずか16か所だけと希少。僕が気に入っているのは、五戸にある「村越シャモロックパーク」の村越正和さんが育てたお肉です。惚れ込みすぎて、うちの会社「ゆとりの空間」の通販で扱っていたほど！

　村越さんは、青森シャモロックそのもののポテンシャルの凄さをさらに引き立てているというか。身が非常に締まっていて、プルンッと弾力もあって。キメも細かく、旨みも甘みもギュッとつまっているんです。揚げてもよし、焼いてもよし、煮込んでもよし！　さらにはスープもイケるんだよね。以前、お邪魔したときに見学し、あれこれと〝村越さんならではの、独自のメソッド〟を教わり、そこにも感銘して。

　そのひとつが〝鶏舎の構造〟。鶏が快適に過ごすには、ヒトも気持ちよい環境にしなければと、鶏舎の床を高くして、地面からの湿気の浸透を遮断。ジメジメしていると雑菌が生まれ、ニオイの原因にもなるから、それを防ぐための工夫なのだ。

　当然、エサと水についても考えていて。栄養バランスがよく食べやすいような工夫がなされ、24時間いつでも水を飲めるよう井戸水が流されている。それに、飼育する数も、基準の飼育密度の半数とスペースに余裕を持っているから、ストレスなく育って身質がよくなるんでしょうね。村越さんは、まるで、わが子のように大切にしていらっしゃっている。それがおいしさにつながるんだなぁ。ということで、一羽をまるっと調理、スタート！

なんともエアリーな
まん丸、から揚げ！

シャモロックの丸から揚げ

■ 材料：約20個分

鶏胸肉…………………………420g

A

しょうゆ、酒………………各大さじ1
砂糖、ごま油………………各小さじ1
にんにく（すりおろし）………1片分
しょうが（すりおろし）………1片分
みりん………………………大さじ½

片栗粉………………………大さじ5
揚げ油………………………適量
（サラダ油500mℓ＋ごま油50mℓ）

■ 作り方

1 鶏肉はひと口大のそぎ切りにする。
2 それぞれ3本深く切り目を入れて、もみじのような形にする。
3 ボウルに**2**、**A**を入れてもみ込み、30分漬ける。
4 **3**に片栗粉をまぶしつけ、切り込みを入れた棒状の部分を中心に折り込むように丸く成形し、中温に熱した揚げ油で衣がカリッとするまで揚げる。

最新版にして
決定版！

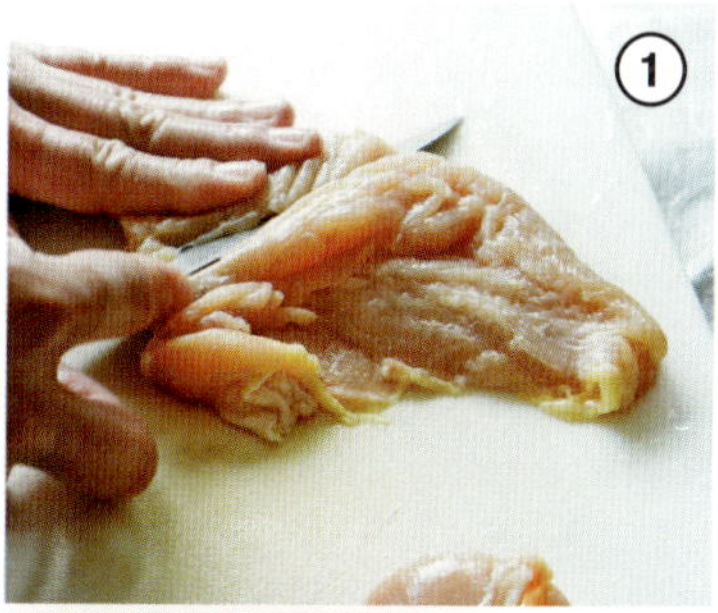

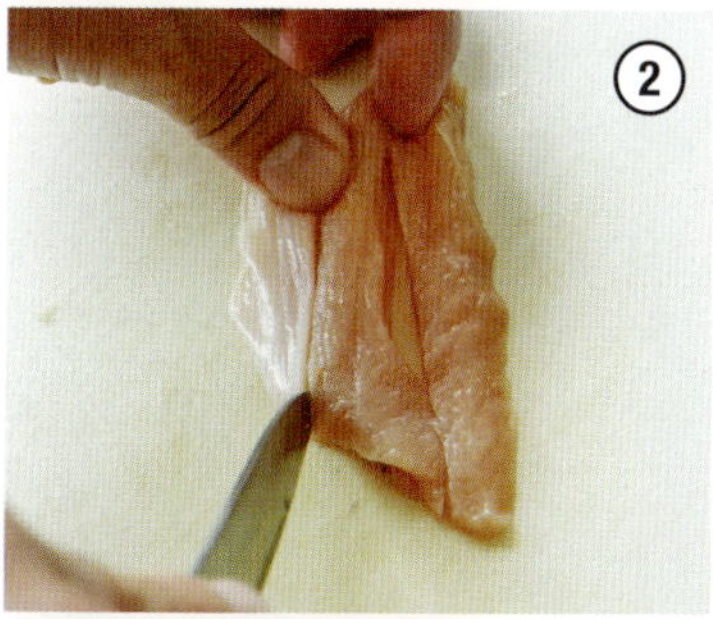

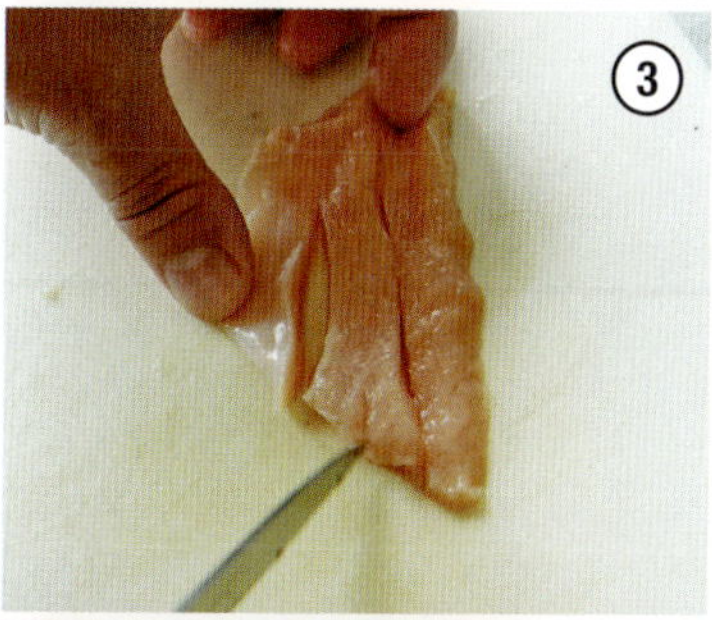

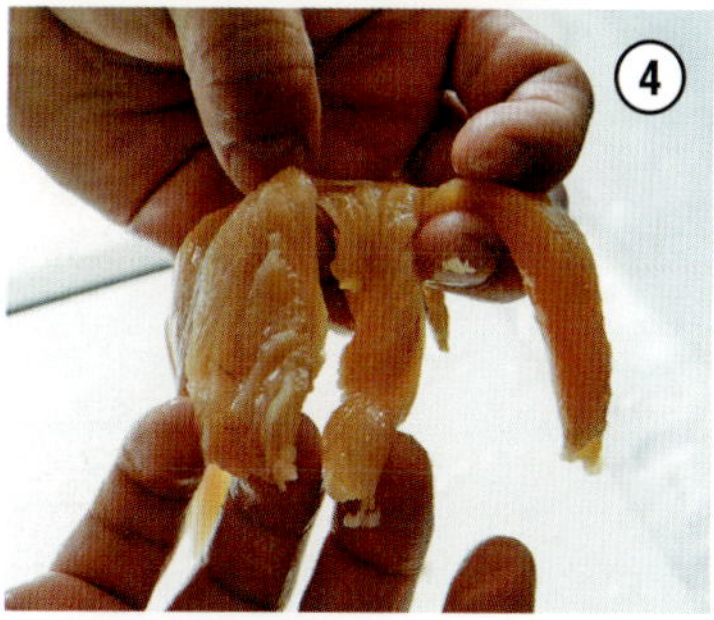

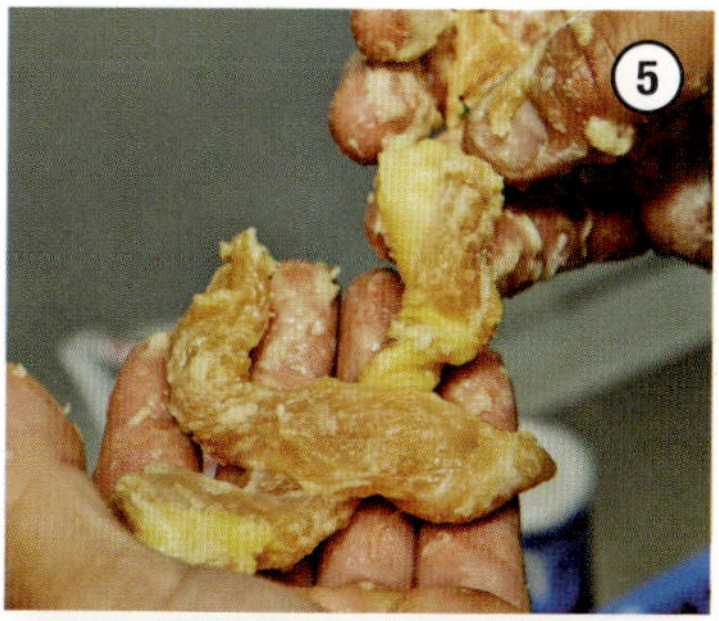

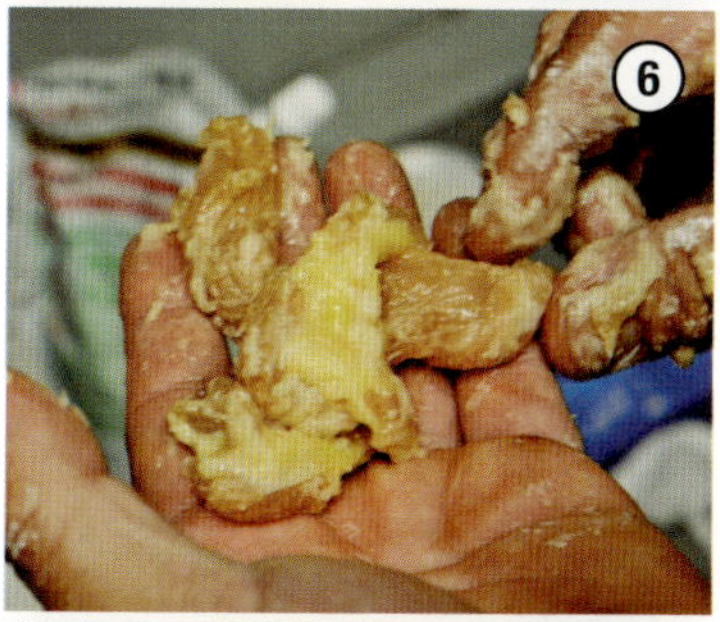

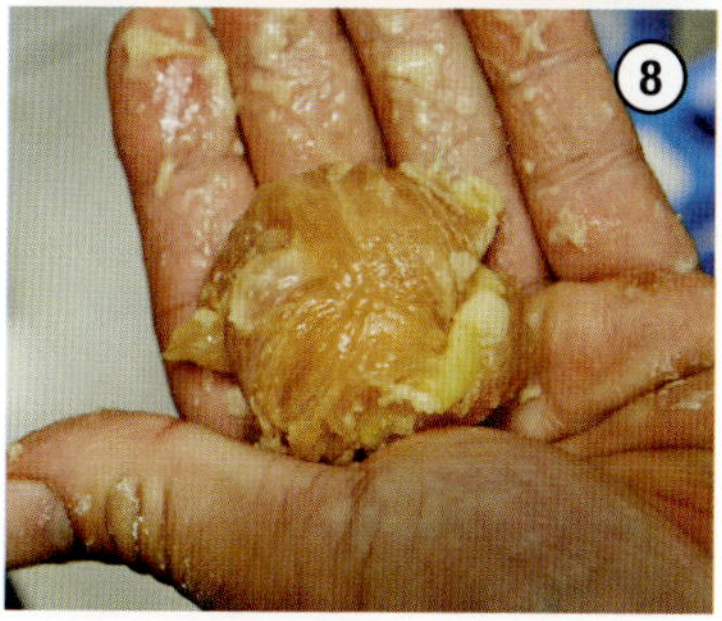

1　鶏胸肉を斜めにスライスする。
2.3　3等分に切るが、切り離さないように。
4　もみじ状に少し広げる。下味に漬け込む。

5 ボウルから胸肉を出し、片栗粉をまぶす。
6 センターを手前に畳み……
7 レフトを重ね……
8 さらにライトを重ねる。

旨み＆香り充分だからシンプル＆豪快に！

手羽は、ガスコンロの魚焼きグリルでパリッと焼き上げました。こちらも塩＆黒こしょうのみ。

シャモロックのロースト

■ 材料：1〜2人分

鶏骨つきもも肉……… 1本
塩 ……………………… 小さじ½
黒こしょう …………… 適量
オリーブ油 …………… 適量
葉玉ねぎ ……………… 1個
ゆずこしょう ………… 適宜

■ 作り方

1 鶏肉は両面に塩、黒こしょうをふる。
2 葉玉ねぎは葉と玉ねぎの部分に切り分け、玉ねぎの部分は縦に半分に切る。
3 フライパンにオリーブ油を熱し、**1** の皮目を下にして入れ、フライパンの空いているところに **2** の玉ねぎの部分を加え、ふたをして中火で焼く。
4 それぞれ焼き目がついたら返して **2** の葉の部分を加え、ふたをして火が通るまで加熱する。
5 器に盛りつけ、お好みでゆずこしょうを添えていただく。

しっとりほろほろ……
シャモロックのお酢煮

シャモロックのアドボ

■ 材料：作りやすい分量

鶏もも肉……………………350g
塩……………………………小さじ½
黒こしょう…………………適量
かぶ…………………………300g
オリーブ油…………………大さじ1
にんにく……………………5片
A
　しょうゆ…………………大さじ3
　酢…………………………大さじ3
ゆで卵………………………3〜4個

■ 作り方

1 鶏肉は5㎝角に切り、塩、黒こしょうで下味をつける。かぶは皮をむいてひと口大に切る。にんにくは包丁の腹などを使い、つぶす。
2 鍋にオリーブ油を熱し、にんにくを入れ、鶏肉も皮目を下にして入れて焼く。
3 鶏もも肉の皮目に焼き色がついたら、かぶを加えて中火で炒める。
4 全体に油がまわったら、**A**、ゆで卵を入れる。煮立ったら弱めの中火にして落としぶたをし、途中で上下を返しながら煮汁が少なくなるまで10〜15分煮る。

シャモロックとごぼうの炊き込みご飯

■ 材料：2～3人分

米……………………………………… 2合
鶏こま切れ肉……………………… 200g
ごぼう……………………………… 100g

A
　みりん、酒……………………… 各大さじ1
　しょうゆ………………………… 大さじ1½
　砂糖……………………………… 小さじ1
　塩………………………………… 小さじ½
だし汁……………………………… 適量

■ 作り方

1 米は洗ってざるに上げる。
2 鶏肉は、1.5㎝角に切る。ごぼうはささがきにして水にさらし、水けをきる。
3 **A**にだし汁を足して360㎖に計量する。
4 炊飯釜に**1**、**2**を入れて**3**を注ぎ、通常通りに炊く。炊き上がったらさっくりと混ぜる。

旨いだしがたっぷり
出るからこその
ほくほくご飯に

酸ヶ湯温泉湯治部で

1羽まるごと
いただきます！

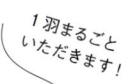

なにやら
ゴソゴソ

ザックから
出てきたのは―

大量のうど

湯治部ならではのおつきあい

炊事場には、水の流れる音と包丁の小気味いい音だけが響いている。鍋からのにおいとともに、幸せな時間が流れているなぁという感じがする――。な～んてことを思ってしまうほど、湯治宿の炊事場はノスタルジック。とはいえ、初体験。湯治とは休養や保養、療養の場として何日も滞在して入浴すること。ヒトが本来持っている自然治癒力を、温泉で高めることが目的で、いわゆる〝立派な露天風呂にお部屋、贅をつくしたお料理〟とは真逆。だからこそ、人と人とのふれ合いにキュンッとしちゃうんだよね。

それを顕著に感じられるのが共同の炊事場。滞在中、夕方も朝もお会いしたのが超常連のおかーさん。年に2回、酸ヶ湯にいらしているという。

「春と秋とにね。群馬からひとりで運転してきてるの」

青森県内じゃなくて群馬からおひとりで！　パワフルだなぁ。そこへまた常連の……おにーさんがやって来て、バックパックからザザザッと大量の山菜を出している。へ～、お客さんじゃなくて、ここで働いていらっしゃるんですね。ホントだ、作業着の胸に〝酸ヶ湯温泉〟って書いてある。

「そ。今、メンテナンスしていて。それで裏山を歩くと、いっぱい採れちゃうんだよ」と、おかーさんと一緒にうどやらあざみやらを洗いはじめた。「はい、どーぞ。生でなんてそうそう食べられないから」と渡され、採れたてのフレッシュな味わいに驚愕。さっと湯がいたものも「ほいっ」と手渡されてパクッといただく。うん、旨い。翌朝は僕らのために天ぷらまで用意してくれた。すごく気持ちのいい〝おせっかい〟にまた会いたくなるね。

ほら、
ちょっと食べでみで

すごく、旨い！

＼根曲がり竹／

いただいた山菜でつくりました

山うどの酢味噌あえ

■ 材料：作りやすい分量

山うど…………………… 450g
酢味噌
　白味噌………………… 大さじ4
　すし酢………………… 大さじ3
　砂糖…………………… 大さじ1

■ 作り方

1 山うどは皮をむいて沸騰した湯（分量外）で3～5分ゆで、冷水に取る。水けを拭き取り、5～6㎜の斜め薄切りにする。
2 酢味噌を作る。ボウルに酢味噌の材料をすべて混ぜ合わせる。
3 2に1を入れて混ぜ合わせる。

山うどの皮きんぴら

■ 材料：作りやすい分量

山うどの皮……………… 100g
ごま油…………………… 小さじ1
A
　しょうゆ……………… 大さじ1
　酒……………………… 大さじ1
　砂糖…………………… 小さじ2

■ 作り方

1 山うどの皮は食べやすい長さに切る。
2 フライパンにごま油を熱し、1を入れて炒める。全体に油がまわったらAを加え、汁けがなくなるまで中火で炒める。

「肉の博明の田子豚と田子牛」

豊潤な湧水と昼夜の寒暖差がおいしさの秘密

田子町といえば青森の最南端に位置する県境の町。かつては南部藩の支城があって城下町として栄えたとか。現在は田子町＝にんにくの町というほど良質なにんにくが採れることで有名。そんな田子町に知る人ぞ知ると言ったら大げさですが（笑）、豚と牛がありまして。それが町の名を冠した「田子豚」と「田子牛」で、このところ惚れ込んでいるお肉なのです。

出合いのきっかけは、地元商店街にある「肉の博明」さんでした。と言っても伺うのは今回がはじめてで。お邪魔してすぐにわかったんですが、店構え、お惣菜の並び、そしてお肉の美しさを見て、おいしいものを提供してくださる方なんだなぁ、と実感した次第です。社長の井畑博明さんは40年前に精肉店をはじめられて以来、生産者さんらとの交流も深く、ご自身の経験と確かな目で選んだものだけを、丸々一頭買いしていらっしゃるそう。

田子豚の特徴はジューシーでキメが細かくてやわらか。お肉の色もキレイ。田子牛も旨みがあって、ほどよいサシがいい感じ。どちらも身質がよく、その秘密はおいしい湧水をたっぷり飲んで育つからだとか。奥羽山脈の水源に近いという立地がおいしさにつながっているんですね。それでは……田子豚はローストポークとお鍋に、田子牛はサーロインをステーキにしますよ！

肩ロースで

田子豚のロースト

■ 材料：作りやすい分量

豚肩ロース肉（かたまり）	400g
A	
塩	小さじ1
黒こしょう	適量
ナツメグパウダー	小さじ1/3
コリアンダーパウダー	小さじ1/3
にんにく	2片
オリーブ油	小さじ1
フレンチマスタード	適宜
かぶ	適宜

■ 作り方

1 豚肉の全面に、**A**を上から順にふり、なじませる。にんにくは包丁の腹などを使い、つぶす。かぶは皮をむき、1個を6等分のくし形切りにする。

2 フライパンにオリーブ油を熱し、**1**の豚肉、にんにく、かぶを入れ、弱めの中火で全面に焼き色をつける。途中にんにくが焦げそうな場合は、肉の上に置く。

3 豚肉を取り出してアルミホイルで包み、30分ほどねかせて余熱で火を通す。

4 好みの厚さに切って器に盛り、かぶとフレンチマスタードを添える。

マスタードは粒ではなくて、
断然フレンチマスタードで！

乳酸発酵した白菜とスープが味の決め手に

白菜の古漬けと鶏スープの田子豚鍋

シャモロックの鶏スープで

■ 材料：作りやすい分量

豚肩ロース肉（薄切り）……… 400g
大根…………………………… 適量
にら…………………………… 1束
長ねぎ………………………… 1本
焼き豆腐……………………… 適量
しいたけ……………………… 適量
油揚げ………………………… 適量
三つ葉………………………… 適量

A
鶏スープ…………………… 4カップ
白菜の古漬け（ざく切り）… 400g
漬け物の汁………………… 適宜
にんにく…………………… 3片
塩…………………………… 小さじ1

■ 作り方

1 大根は2㎝厚さの輪切りにしてそれぞれかつらむきにし、5㎝長さに切る。にらは5㎝長さ、長ねぎは4～5㎝長さに切る。にんにくは包丁の腹などを使い、つぶす。
2 焼き豆腐、しいたけ、油揚げ、三つ葉はそれぞれ食べやすい大きさに切る。
3 鍋に**A**を入れて中火にかけ、沸騰したら豚肩ロース肉を広げながら加える。**1**、**2**の具材を好みで加える。
4 具材に火が通ったら、汁ごと器に取り分けていただく。

■ 作り方

1 ステーキソースを作る。小鍋にサラダ油を熱し、にんにくを炒める。
2 香りが出たら**A**を加え、焦げつかないように混ぜながら弱めの中火で煮つめる。とろみがついたら玉ねぎを加えて火を止める。
3 牛肉は室温に戻す。塩、黒こしょうをふって10分おく。
4 フライパンにオリーブ油を熱し、**3**を入れて中火で3分焼く。焼き色がついたら牛肉を返して、フライパンの空いているところに食べやすい長さに切ったスティックセニョールを入れ、さらに3分焼く。厚さによって、様子を見ながら好みの焼き加減に仕上げる。
5 器にスティックセニョールを盛り、切り分けたステーキをのせ、**2**をかける。

スティックセニョールは
食感を残すべく一瞬で

田子牛のサーロインステーキ

■材料：2人分

牛サーロイン肉	320g
塩	小さじ½
黒こしょう	適量
オリーブ油	小さじ1
スティックセニョール	1束

ステーキソース

にんにく（みじん切り）	2片分
玉ねぎ（みじん切り）	¼個分
サラダ油	大さじ½

A

しょうゆ	大さじ2
みりん、酒、すし酢	各大さじ1
砂糖	大さじ½

あっさり＆旨みジュワーな うどんを朝ごはんに

■ 作り方

1 牛肉は食べやすい大きさに切り、玉ねぎは繊維に沿って薄切りにする。

2 小鍋にAを入れ、中火にかける。煮立ったらしょうが、玉ねぎ、牛肉の順に加えて火が通るまで煮る。

3 別の鍋に湯適量（分量外）を沸かし、めんつゆ、しょうゆを入れて好みの味に調味する。

4 冷凍うどんを袋の表示通りにゆでる。うどん、2を順に盛り、3をかけ、お好みで長ねぎをのせて七味唐辛子をふる。

上／湯治客の多くは、山菜目当て。早朝、山へ入って収穫に。下／田子牛の肩ロースで英気を養います！

湯治部の朝

　青森シャモロックに田子豚、田子牛、いただきものの山菜各種、そしてアルコールをたんまり摂取した翌朝。今日も朝から取材ということもあって、「朝ごはんは特に……」としていた取材スタッフ一同ですが。僕はしっかりいただきたい派で。とはいえ、昨夜のお酒もまだ残っておりまして（笑）。やや軽めにしておこうと、素うどんだけのつもりでしたが、「昨日の田子牛の肩ロースがある！」と思い出し、急遽、肉うどんに。
　ロスタイムを避けるためにも冷凍うどんで。肉はすき焼き風に、いや、牛丼風かな。せっかく山菜もあるから天ぷらにしようと……すると、「いっぱい揚げちゃったから、みんなで食べて」と、昨日のおかーさんからのおすそ分け。期せずして、豪華な朝ごはんになりました。

昨日のおかーさんがすでに朝ごはんの支度を。せっせと山菜を揚げる姿もかわいい。「よく眠れた？」「お湯は？」なんて会話も楽しい。

飲んだ翌朝の

肉うどん

■ 材料：1人分

冷凍うどん	1玉
めんつゆ	適量
しょうゆ	適量
牛肩ロース肉（薄切り）	適量
玉ねぎ	適量
しょうが（千切り）	適量
長ねぎ（小口切り）	適宜
七味唐辛子	適宜

A

しょうゆ	グルッとふた回し
だし汁	肉と玉ねぎが浸るくらい
砂糖	ひとさじ
酒	ひと回し
みりん	ひと回し

5月〜7月の期間は、どちらも鮮魚として出荷される。ゆえに〝生食〟できるのだ。

[海峡サーモンと深浦サーモン]

トロッと濃厚なのにあっさりな純国産サーモン

ひと口に「サーモン」といっても種類も産地もいろいろで、かつ時期によって呼び名が変わったりするのでややこしい。ただし「サーモン」は、塩鮭や新巻鮭のように火を通さなきゃいけないものではなく、〝生食〟ができるものと判断してますよね？　と、その話は置いておくとして。一般に「サーモン」とは、すなわち「サーモントラウト」で、淡水魚であるニジマスを海で養殖したものを指しているんです。

「海峡サーモン」は、その名の通り、津軽海峡で育てられたもの。近ごろ、話題の〝ご当地サーモン〟の先駆け的存在で、2年間淡水飼育したニジマスから、大型のメスだけを選び、津軽海峡の中で鍛えられるそう。荒々しい波にもまれるだけに、身が引き締まって、いい脂をバランスよく持っている。

いっぽう、白神山地の麓、深浦町で育てられる「深浦サーモン」は、本格的な販売は今年が初。淡水の養殖場で約1年半、海水で約半年かけて育てられたもの。養殖場から深浦港まではクルマで約30分と移動距離が短く、ストレスフリーなのもおいしさの秘密だとか。先発の「海峡サーモン」と後発の「深浦サーモン」——どちらが、お好みですか？　なんて聞かないで。ホント、どっちも旨いんですから。

海峡サーモンと深浦サーモンの食べ比べカルパッチョ

■ 材料：4人分

サーモン（刺身用フィレ）……… 約400g
塩 ……………………………… 適量
サラダハーブ ………………… 適量
オリーブ油 …………………… 適量
ブロッコリーチーズソース
　ブロッコリー ……………… 50g
　玉ねぎ……………………… 30g
　チャービル………………… 3枝
A
　クリームチーズ…………… 50g
　レモン汁 ………………… 大さじ½
　オリーブ油 ……………… 大さじ½
　塩 ………………………… 小さじ⅓

■ 作り方

1 ブロッコリーチーズソースを作る。ブロッコリーは小房に分けて沸騰した湯（分量外）でさっとゆで、冷水に取る。水けを拭き取り、みじん切りにする。

2 玉ねぎとチャービルはみじん切りにしてボウルに入れる。**1**、**A**を加えてよく混ぜる。

3 サーモンはそれぞれ2～3㎝の厚さに切る。器に**2**のソースを適量敷き、サーモンをのせて塩をふる。サラダハーブを添えて、全体にオリーブ油を回しかける。

コクがあってまろやかで、
身質の弾力もパーフェクト

海峡サーモンと深浦サーモンのフライ タルタルソース添え

■ 材料：4～6人分

サーモン………… 500g
塩、黒こしょう…… 各少々
A
- 卵……………… 1個
- 薄力粉………… 大さじ2
- 水……………… 大さじ1

パン粉…………… 適量
揚げ油…………… 適量

タルタルソース
- ゆで卵………………… 3個
- 玉ねぎ………………… ¼個
- マヨネーズ…………… 大さじ6
- フレンチマスタード…… 小さじ½
- ゆずこしょう………… 小さじ¼
- 黒こしょう…………… 適量

カリッとサクサクの正体は、
心平流バッター液にあり

ホロリほぐれる身の旨さに、顔もほころぶ

真ぞいの煮つけ

■ 材料：1人分

真ぞい…………………… 1尾

A

- 水…………………… 1カップ
- しょうゆ……………… 75mℓ
- みりん……………… 大さじ4
- 酒…………………… 大さじ3
- 砂糖………………… 大さじ2
- しょうが（薄切り）…… 1片分

■ 作り方

1 真ぞいはうろこと内臓を除き、皮目に十字の切り込みを入れる。

2 鍋に**A**を入れ、火にかけて砂糖を溶かす。ひと煮立ちしたら**1**を加えて落としぶたをし、ときどき煮汁をかけながら弱めの中火で15〜20分ほど煮る。

■ 作り方

1 タルタルソースを作る。ゆで卵、玉ねぎはみじん切りにしてボウルに入れ、その他の調味料を加えてよく混ぜる。

2 **A**を混ぜ合わせてバッター液を作る。

3 サーモンは食べやすい大きさに切って塩、黒こしょうで下味をつけ、**2**、パン粉の順に衣をつける。

4 中温に熱した揚げ油できつね色になるまで揚げて器に盛り、**1**を添えていただく。

薬味たっぷり。さばと酢飯も
ざっくり混ぜてどうぞ！

八戸前沖さばのちらし寿司

■ 材料：２～３人分

さば（三枚おろし）……………… 250g
塩 ……………………………… 小さじ$\frac{1}{3}$
酢飯
　かためにに炊いたご飯……… ２合分
　すし酢……………………… 大さじ４
野沢菜………………………… 適量
三つ葉………………………… 適量
みょうが（小口切り）…………… 適量
青ねぎ（小口切り）……………… 適量
刻みのり……………………… 適量

■ 作り方

1 さばは塩をふり、魚焼きグリルで焼く。皮を残したまま、骨を除いて粗くほぐす。

2 ボウルにかためにに炊いたご飯を入れて、熱いうちにすし酢を加えて切るように混ぜ、酢飯を作る。

3 野沢菜は粗みじん切りに、三つ葉は３cm長さのざく切りにする。

4 **2**に**1**を入れてさっくりと混ぜて器に盛る。**3**、みょうが、青ねぎ、刻みのりを散らす。

八戸前沖さばの竜田揚げ

■ 材料：作りやすい分量

さば（三枚おろし）……250g
塩……小さじ⅓
片栗粉……適量
揚げ油……適量
（サラダ油500mℓ＋ごま油50mℓ）

A
しょうゆ……大さじ3
酒……大さじ2
砂糖……大さじ1

粉山椒……適量

■ 作り方

1 さばは骨を除いてひと口大に切り、塩で下味をつける。

2 山椒だれを作る。小鍋に **A** の調味料を入れて、焦げないように混ぜながら、弱めの中火で煮つめる。

3 少しとろみがついたら火を止め、粉山椒を加える。

4 **1** に片栗粉をまぶし、中温に熱した揚げ油できつね色になるまで揚げる。器に盛り、 **3** の山椒だれをかける。

カリッと揚がったさばに
ピリッと辛い山椒だれ

［塩谷さんの白身魚］

魚の旨さを最大限に引き出す、塩谷さんの技

「酸ヶ湯温泉で湯治しながら自炊」という企画が上がったときに、真っ先に思い浮かんだのが「塩谷魚店」の塩谷孝さんです（78ページでご紹介）。これまでも取り寄せていましたが、塩谷さんのところで直接買い物してすぐに料理できるなんて、とうれしくなりまして。事前にリクエストしつつも、当日、お店で刺身に煮つけ、焼き物、炊き合わせ……とあれこれ相談すると、「煮つけなら真ぞいですね。そいという名前ですけど、メバル科の魚で。旨いです、脂乗っていて。体形もすごくいいので。生でも椀物でも焼き物でもオールラウンドです」とまずは一品決定です。かわはぎ、あいなめは刺身にするとして。そのままの姿で持ち帰ることもできますが、かわはぎは身と肝だけに、あいなめはさくにしてもらうことに。それにしても、いつもながら、塩谷さんの手さばきはお見事。

「心平先生に見られていると緊張するなぁ（笑）」と照れながら、こうすればおいしい、ああしたらもっとおいしいということを教えてくださる。当然ですが、塩谷さんが扱う鮮魚には〝神経〆〟がなされていて。漁師さんが獲った魚のポテンシャルを高め、われわれ料理人や消費者へと届けてくれる姿に感服です。では、それに応えた料理をつくりますよっ！

「ぁ——っ！　柳葉（包丁）持って来ればよかった」と後悔を漏らしつつ、薄造りを進める心平さん。

毎々、真摯に食材と向き合う心平さん。魚のときは集中力がさらに増しているよう……。

フレッシュな風味を
際立たせるもみじおろし

肝の濃厚さが、
かわはぎを引き立てる

あいなめの薄造り

■ 材料：作りやすい分量

あいなめ（刺身用）…………………… 1尾分
大根……………………………… ¼本
赤唐辛子…………………………… 3本
青じそ……………………………… 1枚
あさつき（小口切り）…………………適宜
ポン酢……………………………… 適量

■ 作り方

1 もみじおろしを作る。赤唐辛子を水適量（分量外）に漬けてふやかす。

2 大根は皮をむき、縦に半分くらいまで十字に切り込みを入れ、切り込みに **1** をはさむ。はさんだ状態でおろし金でおろす。

3 あいなめは皮を除いて薄く切り、器に盛る。中央に青じそ、**2**、あさつきをのせる。

4 ポン酢にもみじおろし、あさつきをたっぷり入れていただく。

かわはぎの肝ポン酢

■ 材料：作りやすい分量

かわはぎ（刺身用）…………………… 1尾分
かわはぎの肝（新鮮なもの）…………… 1尾分
あさつき（小口切り）…………………適宜
ポン酢……………………………… 適量

■ 作り方

1 かわはぎは皮を除いて薄く切り、器に盛る。器の端に、かわはぎの肝、あさつきを盛る。

2 ポン酢にかわはぎの肝を溶かし、あさつきを入れていただく。

身欠きにしんの旨みが
おだやかに広がる

炊事場でご一緒したおにーさんからいただいたふきは、身欠きにしんと炊くことに。ふきに味がよ〜く染み込み、酒にも白米にも合う！

下ゆでしたふきは、すぐに冷水に落とし、一気に熱を取る。筋を取るのは冷めてから。

炊く（煮る）際は、身欠きにしんを入れてからふきを。コトコトコトコトと煮含めて。

ふきと身欠きにしんの煮しめ

■ 材料：作りやすい分量

ふき（下処理をしたもの）…… 500g
身欠きにしん（ソフトタイプ）
…………………………… 180g（3〜4本）
いわしの焼き干し………… 10g（3本）
水…………………………… 3カップ

A
砂糖、酒、みりん…… 各大さじ2
しょうゆ……………… 大さじ5

■ 作り方

1 ふきは3㎝長さに、身欠きにしんは3〜4㎝長さのぶつ切りにする。

2 小鍋に焼き干しと水を入れ、中火にかける。沸騰したら弱火にし、10分間煮出して、焼き干しのだしを作る。

3 **A**を入れ中火にし、煮立ったら**1**を加える。身欠きにしんの香りが立ってきたら落としぶたをして、弱めの中火で40〜50分煮る。煮汁が少なくなったら、火を止める。

もずくのなかでも
超ワイルドな岩もずく

岩もずくポン酢

■ 材料：作りやすい分量

岩もずく…………………… 適量
ポン酢……………………… 適量

■ 作り方

1 岩もずくは、沸騰した湯（分量外）でさっとゆでて、冷水に取る。

2 水けをきり、長ければ食べやすい大きさに切って器に盛り、ポン酢をかけていただく。

胃にも心にもやさしい
ホッと和む味わいに

ほうれんそうとえのきのだし浸し

■ 材料：作りやすい分量

えのき……………… 120g
ほうれんそう……… 200g

A

だし汁…………… 1½カップ
酒………………… 大さじ½
みりん…………… 大さじ1
しょうゆ………… 大さじ1½
塩………………… 小さじ1

■ 作り方

1 えのきは根元を除き、沸騰した湯（分量外）でさっとゆでて冷水に取る。水けをよくきり、4～5㎝長さに切る。

2 ほうれんそうは沸騰した湯（分量外）で根元からゆでて冷水に取る。水けをよくきり、4～5㎝長さに切る。

3 小鍋に**A**を合わせて中火にかける。ひと煮立ちしたら火を止め、冷ます。

4 **3**に**1**と**2**を浸して冷蔵庫で冷やしてから、器に盛る。

かぶから出た水分を
きっちり絞って

野辺地かぶの甘酢漬け

■ 材料：作りやすい分量

かぶ……………………………700g
塩……………………………小さじ2
昆布……………………………5g
甘酢
すし酢……………………½カップ
しょうゆ……………………小さじ1
砂糖……………………………大さじ1
塩……………………………小さじ½
赤唐辛子……………………1本

■ 作り方

1 かぶは皮をむき、5㎜厚さの輪切りにする。塩をまぶして30分おき、出てきた水分を絞って密閉袋に入れる。
2 昆布、甘酢を加える。赤唐辛子は半分に割って種ごと加える。
3 冷蔵庫で一晩以上漬ける。

しどけのごまあえ

■ 材料：作りやすい分量

山菜（しどけ）……………………200g
A
白すりごま……………………大さじ3
砂糖……………………………大さじ1
めんつゆ（3倍濃縮）…………大さじ1½

■ 作り方

1 しどけは沸騰した湯（分量外）で根元からさっとゆで、冷水に取る。水けを拭き取り、4～5㎝のざく切りにする。
2 ボウルにAを混ぜ合わせ、1を加えてあえる。

湯治のお客さんから
いただいた天然しどけ

4	3	2		1
5				

1 情緒たっぷり、旅館棟の2階を見学した。
2 旅館棟の客室。「イ棟」というのが上等の部屋の意味。ここは部屋食もOKだ。
3 ヒバ千人風呂の入り口。日帰り入浴もできます。
4 そこかしこに歴史を積み重ねてきた証が見て取れる。
5 ヒバ千人風呂には4つの浴槽が。女性は湯浴み着用可。

shop info

酸ヶ湯温泉

青森市荒川字南荒川山国有林小字酸湯沢50
☎ 017-738-6400
日帰り入浴9:00～17:00

酸ヶ湯温泉

ヒバ千人風呂へ

豪雪地帯として知られる八甲田。標高900メートルに佇む一軒宿が「酸ヶ湯温泉」だ。開湯は江戸初期の1684年、往時から免疫を高める湯として賑わったという。僕らは湯治部を利用させてもらったが、湯治宿というと、簡素な部屋を想像するがとんでもない。ちょっといい旅館のように非常に快適。どこにいてもWi-Fiが飛んでいたほど(笑)。

湯は男女別の小浴場があるが、必湯すべきは、混浴の「ヒバ千人風呂」。総ヒバ造りで160畳もの広さを誇

る。あっ、1000人も入れるほど広いという意味で「千人風呂」なのか。でも実際に入ったという史実はないそうで。しかし、こんなに広いのに、柱が一本もないとは……恐れ入る。湯は青白く濁り、窓からの光とも相まって神秘的。1日3回入って10日間、これで万病に効果があると言われているとか。そっか10日か。2泊じゃ足りなかったかな？

でも、青森取材のオールラストが酸ヶ湯でよかった。心底、人の温かさが身に染みた。お世話になった宿の小野さんは、帰り際、ずっと手を振っていてくれて。人情っていいなぁ、やっぱり、青森、好きだなぁ。

酸ヶ湯温泉湯治部で青森食材を調理する

ご当地

顔ハメ看板

ヘンだけれど愛おしい。それが顔ハメ看板の魔力。あれば必ず記念撮影を。ツーショットは、アシスタントの高橋と。はい、楽しいです（笑）。

野辺地でホタテ丼を食べたあとには、ゆるキャラ「じ〜の」と一緒に、常夜燈顔ハメを。

野辺地町

本書取材初の顔ハメは七戸十和田駅でシューティング。合言葉は「連結!!」、もちろん声に出しました。

七戸町

八甲田山

ユネスコ無形文化遺産でもある八戸三社大祭。「虎舞」に頭を噛んでもらうと、頭がよくなり病気も治るとか！

八戸市

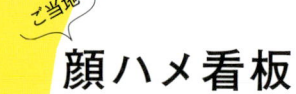

津軽富士こと岩木山が逆さに映る、富士見湖でも顔ハメ。日本一長い木製の橋「鶴の舞橋」も歩きました。

鶴田町

青森市の「CRAZY HORSE SALOON」に、なぜかあった「グレイトフル・デッドベア」。

青森市

岩木山

弘前市

大鰐線・中央弘前駅ホームで、弘南鉄道のゆるキャラ「ラッセル君」とツーショット！

酸ヶ湯といえば千人風呂。998人が描かれた（いや、描かれていない）顔ハメにもピタッとハマった。

酒と〝涙〟と人情と。

――あとがきにかえて――

おかげさまで、ご縁があって青森県によく行く。かれこれ20回以上は出かけている。

そのたびに自分のインスタにも投稿しているので、いろんな人から「青森ってどんなところ？」と訊かれるようになった。

今、改めて考えてみる。ひとことで言うのは難しいよね。でも、人がいいのは間違いない。ホント、みなさん、あたたかくて気前がいいんだもの。

その証拠に、今回の取材でも、ご馳走になったり、いただきものをしたり（ありがとうございます！）。「青森に住んだら、エンゲル係数ゼロでいけるんじゃない？」と錯覚してしまうほど、みなさん、よくしてくださる。

その証拠をもうひとつ。

はじめてうかがったお店のカウンターに単身放り

込まれたら（＊注 この本の編集さんにです笑）、ふつうは、なかなか会話なんてできないし、ましてや仲よくなんてできないのに。

でも、青森は違うんだなぁ。最初はね、どちらもちょっとはヨソヨソしいんだけど、「もう、飲んじゃえ」と思ったらこっちのもの。懐深く、受け入れてもらえました。

酒を酌み交わすってそういうことよね。〝飲みニケーション〟、健在だ、青森には。

最後に。わざわざ言うのもなんですが、本書の制作に全力でサポートしてくださった青森県庁のみなさん、そして、取材にご協力くださったすべてのみなさんに感謝。またお会いしましょう。

これからも、仕事やプライベートでしょっちゅう青森県にお邪魔します。一緒に、酒、飲みましょう。

2019年秋　栗原心平

執筆　山﨑真由子
写真　寺澤太郎
装丁　池田紀久江
校閲　K.I.A
編集　吉川亜香子

酒と料理と人情と。青森編

著　者　栗原心平

編集人　栃丸秀俊
発行人　倉次辰男
発行所　株式会社主婦と生活社
〒104-8357　東京都中央区京橋3-5-7
編集代表　tel 03-3563-5130
販売代表　tel 03-3563-5121
生産代表　tel 03-3563-5125
https://www.shufu.co.jp
製版所　東京カラーフォト・プロセス株式会社
印刷所　太陽印刷工業株式会社
製本所　小泉製本株式会社

ISBN978-4-391-15313-2